The Power of Collaboration: Enhancing Board Responsibilities in Non-profit Governance

गैर-लाभकारी संचालन में सहयोग की शक्ति: बोर्ड की जिम्मेदारियों को बढाना

Shivam

Copyright © [2023]

Title: The Power of Collaboration: Enhancing Board Responsibilities in Non-profit Governance
Author's: Shivam

All rights reserved. No part of this publication may be reproduced, stored in a retrieval system, or transmitted in any form or by any means, electronic, mechanical, photocopying, recording, or otherwise, without the prior written permission of the publisher or author, except in the case of brief quotations embodied in critical reviews and certain other non-commercial uses permitted by copyright law.

This book was printed and published by [Publisher's: **Shivam**] in [2023]

ISBN:

TABLE OF CONTENT

Chapter 1: The Shifting Landscape of Non-profit Governance   09

Introduction: The growing complexity of non-profit organizations and the need for effective governance.

The Evolving Role of Boards: Moving beyond compliance and towards strategic impact.

Challenges of Traditional Models: Silos, hierarchies, and limited stakeholder engagement.

The Rise of Collaborative Governance: Why collaboration is the key to success in the 21st century.

Chapter 2: Redefining Board Responsibilities Through Collaboration   19

Beyond Oversight: Understanding the board's role in strategic planning, fundraising, and risk management.

Building Collaborative Relationships: Fostering trust and communication between board members, staff, and stakeholders.

Leveraging Diverse Expertise: Creating a board that reflects the community and brings a variety of perspectives.

Cultivating a Culture of Collaboration: Embracing open communication, shared decision-making, and continuous improvement.

Chapter 3: Building Effective Collaborative Practices 31

- Structuring for Collaboration: Effective committee structures, board retreats, and communication channels.
- Tools and Techniques for Collaboration: Facilitating productive meetings, utilizing technology, and employing conflict resolution strategies.
- Managing Power Dynamics: Ensuring all voices are heard and addressing potential conflicts of interest.
- Measuring and Evaluating Success: Tracking progress on collaboration goals and demonstrating impact.

Chapter 4: Case Studies in Collaborative Non-profit Governance 44

- Real-world examples of non-profit organizations that have successfully implemented collaborative governance models.
- Success stories from diverse sectors: healthcare, education, environmental groups, and social justice organizations.
- Challenges and Lessons Learned: Identifying common obstacles and sharing best practices for overcoming them.
- Inspiring Examples of Collaboration in Action: Showcasing the power of collaboration in achieving positive change.

Chapter 5: The Future of Collaborative Non-profit Governance   59

Emerging trends in collaboration: Technology, data-driven decision-making, and citizen engagement.

Addressing future challenges: Sustainability, diversity, and ethical considerations.

A Call to Action: Encouraging non-profit leaders to embrace the power of collaboration and build stronger, more effective organizations.

Resources and Tools: Providing practical guidance for implementing collaborative governance practices.

TABLE OF CONTENT

अध्याय 1: गैर-लाभकारी संचालन का बदलता परिदृश्य   09

परिचय: गैर-लाभकारी संगठनों की बढ़ती जटिलता और प्रभावी संचालन की आवश्यकता।

बोर्ड की बदलती भूमिका: अनुपालन से आगे बढ़कर रणनीतिक प्रभाव की ओर।

पारंपरिक मॉडल की चुनौतियां: सिलो, पदानुक्रम, और सीमित हितधारक जुड़ाव।

सहयोगी संचालन का उदय: 21वीं सदी में सफलता की कुंजी के रूप में सहयोग।

अध्याय 2: सहयोग के माध्यम से बोर्ड की जिम्मेदारियों को पुनर्परिभाषित करना   19

ओवरसाइट से परे: रणनीतिक योजना, धन उगाहने और जोखिम प्रबंधन में बोर्ड की भूमिका को समझना।

सहयोगी संबंध बनाना: बोर्ड के सदस्यों, कर्मचारियों और हितधारकों के बीच विश्वास और संचार को बढ़ावा देना।

विविध विशेषज्ञता का लाभ उठाना: एक ऐसा बोर्ड बनाना जो समुदाय को दर्शाता है और विभिन्न दृष्टिकोणों को सामने लाता है।

सहयोग की संस्कृति विकसित करना: खुले संचार, साझा निर्णय लेने और निरंतर सुधार को अपनाना।

अध्याय 3: प्रभावी सहयोगी प्रथाएं बनाना   31

सहयोग के लिए संरचना: प्रभावी समिति संरचनाएं, बोर्ड रिट्रीट और संचार चैनल।

सहयोग के लिए उपकरण और तकनीकें: उत्पादक बैठकें आयोजित करना, प्रौद्योगिकी का उपयोग करना और संघर्ष समाधान रणनीतियों को लागू करना।

शक्ति गतिकी का प्रबंधन: यह सुनिश्चित करना कि सभी आवाजें सुनी जाएं और हितों के संभावित टकरावों का समाधान किया जाए।

सफलता का मापन और मूल्यांकन: सहयोग के लक्ष्यों पर प्रगति का ट्रैक रखना और प्रभाव का प्रदर्शन करना।

अध्याय 4: सहयोगी गैर-लाभकारी संचालन में केस स्टडीज   44

वास्तविक दुनिया के उदाहरण: ऐसे गैर-लाभकारी संगठन जिन्होंने सहयोगी संचालन मॉडल को सफलतापूर्वक लागू किया है।

विभिन्न क्षेत्रों से सफलता की कहानियां: स्वास्थ्य सेवा, शिक्षा, पर्यावरण समूह और सामाजिक न्याय संगठन।

चुनौतियां और सीखे गए सबक: आम बाधाओं की पहचान करना और उन्हें दूर करने के लिए सर्वोत्तम प्रथाओं को साझा करना।

कार्रवाई के उदाहरण: सहयोग की शक्ति को अपनाने और मजबूत, अधिक प्रभावी संगठन बनाने के लिए गैर-लाभकारी नेताओं को प्रोत्साहित करना।

अध्याय 5: सहयोगी गैर-लाभकारी संचालन का भविष्य 59

सहयोग में उभरते रुझान: प्रौद्योगिकी, डेटा-चालित निर्णय लेना और नागरिक जुड़ाव।

भविष्य की चुनौतियों का समाधान: स्थिरता, विविधता और नैतिक विचार।

कार्रवाई का आह्वान: गैर-लाभकारी नेताओं को सहयोग की शक्ति को अपनाने और मजबूत, अधिक प्रभावी संगठन बनाने के लिए प्रोत्साहित करना।

संसाधन और उपकरण: सहयोगी संचालन प्रथाओं को लागू करने के लिए व्यावहारिक मार्गदर्शन प्रदान करना।

मैं आशा करता हूं कि यह हिंदी अनुवाद आपके लिए सहायक होगा! कृपया मुझे बताएं कि क्या आपके पास और कोई प्रश्न हैं।

Chapter 1: The Shifting Landscape of Non-profit Governance

अध्याय 1: गैर-लाभकारी संचालन का बदलता परिदृश्य

परिचय: जटिलता का जाल और प्रभावी संचालन की जरूरत

गैर-लाभकारी क्षेत्र आज एक ऐसे चक्रव्यूह में फंसा है, जहां संगठन लगातार बढ़ते ही जा रहे हैं, उनकी गतिविधियों का दायरा फैलता है, और प्रभाव की प्यास लगी रहती है. सहायता की ज़रूरतमंद लोगों की बढ़ती संख्या, बदलते कानून, और दानदाताओं की कड़ी शर्तें इन संगठनों को निरंतर दबाव में रखती हैं. इस जटिल परिदृश्य में, प्रभावी संचालन की आवश्यकता पहले से कहीं अधिक महत्वपूर्ण हो गई है.

पारंपरिक तौर पर, गैर-लाभकारी संचालन को नियमों का अनुपालन करने, वित्तीय स्थायित्व बनाए रखने, और जोखिम प्रबंधन के दायरे में सीमित समझा जाता था. हालांकि, आज की परिस्थिति में यह पर्याप्त नहीं है. प्रभावी संचालन का मतलब है गतिशीलता, रणनीतिक सोच, और एक ऐसा पारिस्थितिकी तंत्र बनाना जहां बोर्ड, कर्मचारी, हितधारक, और समुदाय सभी मिलकर एक लक्ष्य की ओर बढ़ सकें.

इस जटिलता का सामना करने के लिए, एक नया दृष्टिकोण उभर रहा है - सहयोगी संचालन. यह सिर्फ नियमों और प्रक्रियाओं का पालन करने से हटकर एक ऐसा माहौल बनाने पर जोर देता है जहां हर आवाज़ सुनी जाए, हर विचार को महत्व दिया जाए, और संयुक्त रूप से निर्णय लिए जाएं. सहयोगी संचालन का लक्ष्य है कि संगठन आंतरिक कलह और

टकरावों से मुक्त होकर संगठनात्मक उद्देश्यों को हासिल करने के लिए एक साथ काम करें.

लेकिन सहयोगी संचालन को अपनाना आसान नहीं है. इसके लिए बोर्ड के सदस्यों, कर्मचारियों, और हितधारकों के बीच भरोसे का माहौल बनाना, संचार के नए चैनल खोलना, और शक्ति गतिशीलता को संतुलित करना जरूरी है. चुनौतियों के बावजूद, सहयोगी संचालन के सफल उदाहरण दुनिया भर में मौजूद हैं, जो साबित करते हैं कि यह जटिलता के इस जाल से निकलने का एक प्रभावी तरीका है.

आने वाले अध्यायों में हम सहयोगी संचालन के सिद्धांतों, चुनौतियों, और प्रथाओं पर विस्तार से चर्चा करेंगे. हम देखेंगे कि बोर्ड की जिम्मेदारियों को कैसे पुनर्परिभाषित किया जा सकता है, सहयोगी संबंध कैसे बनाए जा सकते हैं, और प्रभावी संचालन के लिए कौन-सी संरचनाएं और उपकरण उपयोगी हैं. हम संगठनों के सफल केस स्टडीज का भी अध्ययन करेंगे और भविष्य में सहयोगी संचालन के उभरते रुझानों की चर्चा करेंगे.

इस पुस्तक का लक्ष्य गैर-लाभकारी क्षेत्र के नेताओं और सदस्यों को सहयोगी संचालन के महत्व को समझने और इसे अपने संगठनों में लागू करने के लिए प्रेरित करना है. यह जटिलता का जाल भले ही चुनौतीपूर्ण हो, लेकिन सहयोगी संचालन का प्रकाशपथ हमें उससे निकलने का रास्ता दिखा सकता है और एक मजबूत, प्रभावी, और सकारात्मक बदलाव लाने वाला गैर-लाभकारी क्षेत्र बनाने में मदद कर सकता है.

नोट: यह परिचय लगभग 500 शब्दों का है. आप इसे अपनी पुस्तक की लंबाई और जरूरत के हिसाब से कम या ज़्यादा कर सकते हैं.

बोर्ड की बदलती भूमिका: अनुपालन के आगे बढ़कर रणनीतिक प्रभाव की ओर

गैर-लाभकारी क्षेत्र के परिदृश्य में बोर्ड की भूमिका तेजी से बदल रही है. अब यह सिर्फ अनुपालन सुनिश्चित करने और वित्तीय निगरानी करने की औपचारिकता नहीं रह गई है, बल्कि संगठन के रणनीतिक दिशा और प्रभाव को निर्धारित करने में एक सक्रिय और महत्वपूर्ण शक्ति के रूप में उभर रही है.

अनुपालन से परे:

पारंपरिक रूप से, बोर्ड की जिम्मेदारियों को मुख्य रूप से अनुपालन और जोखिम प्रबंधन से जोड़ा जाता था. यह सुनिश्चित करना कि संगठन नियमों का पालन कर रहा है, वित्तीय रूप से मजबूत है, और संभावित जोखिमों के लिए तैयार है. हालांकि, यह नज़रिया अब पर्याप्त नहीं है.

आज के जटिल और लगातार विकसित होते परिवेश में, गैर-लाभकारी संगठनों को प्रभावी ढंग से संचालित करने के लिए सिर्फ नियमों का पालन करने से कहीं ज्यादा की जरूरत है. उन्हें रणनीतिक रूप से सोचना होगा, नवीनता लाना होगा, और प्रभाव लाने के लिए हितधारकों के साथ सहयोग करना होगा.

रणनीतिक प्रभाव की ओर:

बदलती परिस्थितियों के अनुकूल, बोर्ड की भूमिका भी अब रणनीतिक प्रभाव की ओर बढ़ रही है. इसमें शामिल हैं:

रणनीतिक दिशा का निर्धारण: संगठन का दीर्घकालिक लक्ष्य क्या है? किन चुनौतियों का सामना करना है? किस सामाजिक प्रभाव को लाना

चाहते हैं? इन सवालों के जवाब बोर्ड मिलकर ढूंढता है और एक रणनीतिक दिशा तैयार करता है.

- कार्यक्रमों का मूल्यांकन: क्या मौजूदा कार्यक्रम प्रभावी हैं? क्या उन्हें सुधारने की जरूरत है? नए कार्यक्रमों की आवश्यकता है? बोर्ड डेटा का विश्लेषण करता है, हितधारकों से प्रतिक्रिया लेता है, और कार्यक्रमों के प्रभाव का मूल्यांकन करता है.

- धन की जुटाना: संगठन के वित्तीय स्थायित्व के लिए धन जुटाना महत्वपूर्ण है. बोर्ड धन जुटाने के रणनीतियां बनाता है, दाताओं से संबंध बनाता है, और संसाधनों का कुशलता से उपयोग सुनिश्चित करता है.

- जोखिम प्रबंधन: संगठन को संभावित जोखिमों से बचाना और उन्हें कम करना भी बोर्ड का एक महत्वपूर्ण कार्य है. बोर्ड जोखिम प्रबंधन नीतियां बनाता है, जोखिमों की लगातार निगरानी करता है, और आवश्यक कार्रवाई करता है.

सहयोग की शक्ति:

रणनीतिक प्रभाव हासिल करने के लिए, बोर्ड को एकजुट होकर काम करना होगा, और इस प्रक्रिया में हितधारकों के साथ सहयोग करना भी जरूरी है. इसमें शामिल हैं:

- बोर्ड के सदस्यों के बीच सहयोग: विभिन्न पृष्ठभूमि और विशेषज्ञता वाले सदस्यों के विचारों को सुनना और एकजुट होकर निर्णय लेना.

- कर्मचारियों के साथ सहयोग: कर्मचारियों को संगठन के रणनीतिक लक्ष्यों से अवगत कराना, उन्हें निर्णय लेने की प्रक्रिया में शामिल करना, और उनकी क्षमता का विकास करना.

- हितधारकों के साथ सहयोग: दाताओं, स्वयंसेवकों, समुदाय के नेताओं, और अन्य हितधारकों के साथ सहयोग करके संगठन के काम को मजबूत करना और प्रभाव बढ़ाना.

पारंपरिक मॉडलों की चुनौतियां: सिलो, पदानुक्रम, और सीमित हितधारक जुड़ाव

गैर-लाभकारी क्षेत्र पारंपरिक रूप से पदानुक्रमी संरचनाओं, विभाजित कार्यप्रणालियों और सीमित हितधारक जुड़ाव के मॉडल पर आधारित था. हालांकि, ये मॉडल आज के गतिशील और जटिल परिदृश्य में संगठनों को प्रभावी ढंग से संचालित करने में बाधा बन रहे हैं. आइए इन प्रमुख चुनौतियों को देखें:

1. सिलो का जाल:

पारंपरिक मॉडल में अक्सर संगठन को विभागों या कार्यक्रमों के सिलो में विभाजित किया जाता है. प्रत्येक सिलो अपने स्वयं के लक्ष्यों और कार्यप्रणालियों पर ध्यान केंद्रित करता है, जिससे संचार में कमी, संसाधनों का दोहराव, और समग्र प्रभाव के प्रति समझ का अभाव होता है. उदाहरण के लिए, शिक्षा विभाग स्वास्थ्य विभाग के काम से अनभिज्ञ हो सकता है, भले ही दोनों शिक्षा के स्तर को प्रभावित करते हों.

2. पदानुक्रम का पहाड़:

पारंपरिक मॉडल में निर्णय लेने का अधिकार अक्सर बोर्ड के सदस्यों और वरिष्ठ कर्मचारियों के हाथों में होता है. निचले स्तर के कर्मचारियों, हितधारकों और समुदाय के सदस्यों को कम भागीदारी दी जाती है. इससे निर्णय लेने में जड़ता, प्रतिक्रिया में देरी, और विचारों की विविधता का अभाव हो सकता है.

3. सीमित हितधारक जुड़ाव की दीवार:

पारंपरिक मॉडल में हितधारकों को अक्सर सिर्फ सूचना देने तक सीमित रखा जाता है. दाताओं को रिपोर्ट भेजी जाती है, स्वयंसेवकों को निर्देश

दिए जाते हैं, लेकिन उनकी राय लेने, उनकी क्षमता का इस्तेमाल करने, और उन्हें संगठन के विकास में शामिल करने पर कम ध्यान दिया जाता है. इससे हितधारकों का जुड़ाव कमजोर होता है, विश्वास कम होता है, और संगठन के प्रभाव को सीमित करता है.

इन चुनौतियों का परिणाम:

- कम प्रभाव: संगठन अपने लक्ष्यों को हासिल करने में कम सफल होते हैं. उनके कार्यक्रमों का समुदाय पर अपेक्षित प्रभाव नहीं पड़ता.
- अनुकूलन में कठिनाई: बदलते परिवेश के अनुकूल बनाना मुश्किल होता है. नवाचार कम होता है और अवसरों का लाभ उठाना चुनौतीपूर्ण हो जाता है.
- कर्मचारियों और हितधारकों का असंतोष: सिलो, पदानुक्रम और सीमित जुड़ाव से कर्मचारी और हितधारक असंतुष्ट होते हैं, जिससे संगठन का वातावरण और प्रतिष्ठा प्रभावित होती है.

समाधान की ओर:

इन चुनौतियों का सामना करने के लिए, गैर-लाभकारी संगठनों को सहयोगी संचालन के मॉडल को अपनाने की जरूरत है. सहयोगी संचालन एक पारिस्थितिकी तंत्र बनाता है जहां सिलो टूट जाते हैं, पदानुक्रम कम हो जाते हैं, और हितधारकों का जुड़ाव बढ़ जाता है. इस मॉडल में संवाद खुला होता है, निर्णय लेने में सबकी भागीदारी होती है, और संगठन का लक्ष्य सभी के लिए बेहतर भविष्य का निर्माण करना होता है.

आगे के अध्यायों में हम सहयोगी संचालन के सिद्धांतों, उपकरणों और प्रथाओं पर विस्तार से चर्चा करेंगे. हम देखेंगे कि इन चुनौतियों को कैसे दूर किया जा सकता है और संगठन को सफलता की ओर कैसे ले जाया

जा सकता है. साथ ही, हम देखेंगे कि कैसे सहयोगी संचालन के माध्यम से संगठन सिलो को तोड़कर, पदानुक्रम को कम करके और हितधारकों को शामिल करके प्रभावी ढंग से संचालित हो सकते हैं और एक सकारात्मक बदलाव ला सकते हैं.

सहयोगी संचालन का उदय: 21वीं सदी में सफलता की कुंजी

एक ऐसे युग में जहां अनिश्चितता और जटिलता का बोलबाला है, गैर-लाभकारी क्षेत्र भी परिवर्तन के दौर से गुजर रहा है. पारंपरिक पदानुक्रम और सिलोबद्ध मॉडल अब अप्रभावी साबित हो रहे हैं. इस परिदृश्य में सफलता की कुंजी एक नए दृष्टिकोण में निहित है - सहयोगी संचालन.

क्यों जरूरी है सहयोग?

- भागीदारी का युग: आज के दौर में सफलता के लिए सिर्फ संसाधन और विशेषज्ञता ही काफी नहीं हैं. बल्कि, संगठन को अपने हितधारकों - बोर्ड सदस्यों, कर्मचारियों, स्वयंसेवकों, दाताओं, समुदाय के सदस्यों - सभी की भागीदारी और सहयोग की जरूरत है. सहयोग के जरिए संगठन विविध दृष्टिकोणों, अनुभवों और क्षमताओं का लाभ उठा सकते हैं, जिससे नवाचार बढ़ता है, रचनात्मक समाधान सामने आते हैं, और संगठन का लचीलापन बढ़ता है.

- जटिलता का जाल तोड़ना: आज की समस्याएं अक्सर एक-दूसरे से जुड़ी होती हैं और पारंपरिक विभाजन में नहीं समाती हैं. सहयोगी संचालन सिलो तोड़कर विभागों के बीच संचार और सहयोग को बढ़ावा देता है. इससे संगठन जटिल समस्याओं का सामना करने के लिए एक समग्र और प्रभावी रणनीति तैयार कर सकता है.

- पारदर्शिता और जवाबदेही: सहयोगी संचालन निर्णय लेने की प्रक्रिया को पारदर्शी बनाता है और सभी हितधारकों को शामिल करता है. इससे जवाबदेही बढ़ती है, भरोसा मजबूत होता है, और संगठन की प्रतिष्ठा बढ़ती है.

- स्थायी प्रभाव: सहयोग से निर्मित रणनीतियां और कार्यक्रम अधिक टिकाऊ और प्रभावी होते हैं. हितधारकों का जुड़ाव होने से संगठन को

समुदाय की जरूरतों को बेहतर ढंग से समझने और उनका समाधान करने में मदद मिलती है।

सहयोग के उदाहरण:

स्वास्थ्य देखभाल में: कई स्वास्थ्य संगठन अपने रोगियों, समुदाय के सदस्यों और स्वास्थ्य कार्यकर्ताओं को साथ लाकर स्वास्थ्य शिक्षा, रोग रोकथाम और उपचार कार्यक्रमों को अधिक प्रभावी बना रहे हैं।

शिक्षा में: कई स्कूल अब छात्रों, शिक्षकों, अभिभावकों और समुदाय के नेताओं को निर्णय लेने की प्रक्रिया में शामिल करके शिक्षा के स्तर को बढ़ाने के लिए सहयोग कर रहे हैं।

पर्यावरण संरक्षण में: पर्यावरण संगठन स्थानीय समुदायों के साथ मिलकर जंगल संरक्षण, जल प्रबंधन और सतत विकास के लिए काम कर रहे हैं।

सहयोग को अपनाना - चुनौतियां और समाधान:

सहयोगी संचालन को अपनाने में कुछ चुनौतियां हैं, जैसे:

पारंपरिक मानसिकता बदलना: पदानुक्रम और सिलोबद्ध सोच को छोड़कर एक सहयोगी संस्कृति बनाना आसान नहीं है।

भरोसा और संचार बढ़ाना: प्रभावी सहयोग के लिए खुला संचार और पारस्परिक विश्वास जरूरी है।

विविधता का प्रबंधन: अलग-अलग पृष्ठभूमि और विचारों वाले लोगों को साथ लाना और उनकी भागीदारी को बढ़ावा देना महत्वपूर्ण है।

हालांकि, इन चुनौतियों का समाधान संभव है। कुछ प्रथाओं को अपनाकर सहयोग को बढ़ावा दिया जा सकता है:

- सहयोगी बोर्ड संरचना: बोर्ड में विविध विशेषज्ञता और हितधारकों को शामिल करना.
- बुद्धिसंगम सत्र: विभिन्न विभागों और हितधारकों के बीच संचार और सहयोग को बढ़ावा देने के लिए नियमित बैठकें.

Chapter 2: Redefining Board Responsibilities Through Collaboration

अध्याय 2: सहयोग के माध्यम से बोर्ड की जिम्मेदारियों को पुनर्परिभाषित करना

सहयोगी रिश्ते बनाना: बोर्ड के सदस्यों, कर्मचारियों और हितधारकों के बीच विश्वास और संचार को बढ़ावा देना

गैर-लाभकारी क्षेत्र में सफलता का एक अनिवार्य तत्व है - मजबूत सहयोगी रिश्ते. बोर्ड के सदस्य, कर्मचारी, और हितधारक अलग-अलग इकाइयां नहीं, बल्कि एक ही लक्ष्य की ओर बढ़ने के लिए एक साथ जुड़े हुए हैं. लेकिन इन रिश्तों को खिलने और फलने के लिए, विश्वास और संचार का पोषण करना जरूरी है.

विश्वास का निर्माण: मजबूत सहयोग का आधार

विश्वास के बिना सहयोग एक नाजुक पुल की तरह होता है, जो किसी भी आंधी में टूट सकता है. इसलिए, बोर्ड के सदस्यों, कर्मचारियों और हितधारकों के बीच विश्वास का माहौल बनाना सबसे महत्वपूर्ण कदम है. यह विश्वास कैसे बनाया जाए?

पारदर्शिता: निर्णय लेने की प्रक्रिया, वित्तीय स्थिति, और संगठन की चुनौतियां सभी को स्पष्ट रूप से बताएं. गोपनीयता के आवश्यक मामलों को छोड़कर, सूचना का खुला प्रवाह विश्वास का आधार बनाता है.

- जवाबदेही: हर कोई अपने कार्यों के लिए जवाबदेह होना चाहिए. गलतियां होने पर जिम्मेदारी स्वीकारें और सुधार के प्रयास दिखाएं.
- सम्मान: हर व्यक्ति की राय और योगदान को महत्व दें, भले ही वे बोर्ड के सदस्य हों, कर्मचारी हों, या स्वयंसेवक.
- निष्पक्षता: सभी हितधारकों के साथ समान व्यवहार करें और किसी के साथ भेदभाव न करें.

संवाद का पुल: सहयोग को मजबूत करना

विश्वास के आधार पर, संचार का पुल बनाना जरूरी है. यह पुल ही विचारों, चिंताओं, और अनुभवों को एक दूसरे तक पहुंचाने का माध्यम है. इस पुल को मजबूत करने के लिए कुछ उपाय:

- नियमित बैठकें: बोर्ड के सदस्यों, विभागों और हितधारकों के बीच नियमित बैठकें आयोजित करें. इन बैठकों में औपचारिकता कम रखें और खुले संवाद को प्रोत्साहित करें.
- फीडबैक का स्वागत: सभी को अपनी राय देने और सुझाव देने का अवसर दें. फीडबैक को नकारात्मक न देखें, बल्कि संगठन को बेहतर बनाने के लिए सीखने का अवसर समझें.
- संवाद के कई चैनल: सिर्फ बैठकों पर निर्भर न रहें. ईमेल, सोशल मीडिया, इंट्रानेट आदि का उपयोग करके संचार के कई चैनल बनाएं.
- सक्रिय सुनना: सिर्फ बोलने पर ध्यान न दें, बल्कि दूसरों को सुनने के लिए भी समय निकालें. उनकी बातों को ध्यान से सुनें और समझें.

विविधता का सम्मान: सहयोग का विस्तार

सहयोगी रिश्ते केवल बोर्ड के सदस्यों और कर्मचारियों के बीच ही नहीं, बल्कि सभी हितधारकों के साथ भी बनाए जाने चाहिए. दाताओं,

स्वयंसेवकों, समुदाय के नेताओं, और फंडिंग एजेंसियों के साथ सकारात्मक रिश्ते बनाना संगठन की सफलता के लिए बेहद जरूरी है.

विविधता का सम्मान: हर हितधारक अलग पृष्ठभूमि, अनुभव और दृष्टिकोण रखता है. इन विविधताओं को नजरअंदाज न करें, बल्कि उन्हें सहयोग का आधार बनाएं.

हितधारकों को शामिल करें: हितधारकों को निर्णय लेने की प्रक्रिया में शामिल करें. उनकी जरूरतों और विचारों को सुनें और उन्हें संगठन के काम में शामिल करने के तरीके खोजें.

सहयोगी परियोजनाएं: विभिन्न हितधारकों के साथ मिलकर परियोजनाएं शुरू करें. इससे संसाधनों का कुशलता से उपयोग होता है और प्रभाव बढ़ता है.

बोर्ड की भूमिका: अनुगमन से परे, रणनीतिक योजना, धन जुटाने और जोखिम प्रबंधन में सक्रियता

गैर-लाभकारी क्षेत्र में बोर्ड की भूमिका पारंपरिक रूप से अनुगमन तक ही सीमित समझी जाती थी. वित्तीय रिकॉर्ड की जांच, अनुपालन का सुनिश्चितकरण, और बुनियादी दिशानिर्देश देना - यही बोर्ड का दायरा माना जाता था. लेकिन आज के जटिल और गतिशील परिवेश में, बोर्ड को सिर्फ अनुगमन करने से आगे बढ़कर संगठन के रणनीतिक विकास, धन जुटाने, और जोखिम प्रबंधन में सक्रिय भूमिका निभाने की जरूरत है.

रणनीतिक योजना: भविष्य का खाका

संगठन को दीर्घकालिक सफलता के लिए एक स्पष्ट रणनीति की जरूरत होती है. बोर्ड का यह महत्वपूर्ण कार्य है कि वह संगठन का लक्ष्य निर्धारित करे, चुनौतियों की पहचान करे, और प्रभावी रणनीतियां तैयार करे. इसके लिए बोर्ड को निम्नलिखित कार्य करने चाहिए:

- भविष्य का विश्लेषण: बाजार के रुझानों, सामाजिक-आर्थिक परिस्थितियों, और लाभार्थियों की जरूरतों का अध्ययन करें.
- ताकत और कमजोरियों का मूल्यांकन: संगठन की क्षमताओं, संसाधनों, और सीमाओं को समझें.
- अवसरों की पहचान: नए कार्यक्रमों, साझेदारी, और प्रभाव बढ़ाने के तरीकों की खोज करें.
- रणनीतिक दिशा का निर्धारण: मिशन और विजन के अनुरूप संगठन को आगे ले जाने का खाका तैयार करें.
- कार्यक्रम मूल्यांकन: रणनीति के अनुरूप कार्यक्रमों का प्रभाव और कुशलता का मूल्यांकन करें.

धन जुटाने: संगठन का ईंधन

संगठन के लक्ष्यों को हासिल करने के लिए पर्याप्त वित्तीय संसाधन होना जरूरी है. बोर्ड धन जुटाने की प्रक्रिया में महत्वपूर्ण भूमिका निभाता है. इसके लिए बोर्ड को निम्नलिखित कार्य करने चाहिए:

धन जुटाने की रणनीति तैयार करें: दाताओं के प्रकार, फंडिंग के स्रोत, और संसाधन जुटाने के तरीकों की पहचान करें.

दाता संबंधों का प्रबंधन: दाताओं के साथ नियमित संपर्क बनाए रखें, उनकी जरूरतों को समझें, और उन्हें संगठन के काम में शामिल करें.

धन के उपयोग का सुनिश्चितकरण: संसाधनों का कुशलता से उपयोग हो और संगठन के लक्ष्यों को हासिल करने में योगदान दें.

वित्तीय पारदर्शिता: दाताओं और अन्य हितधारकों के साथ वित्तीय स्थिति का खुलासा करें और भरोसा बनाए रखें.

जोखिम प्रबंधन: अनिश्चितता का सामना

गैर-लाभकारी संगठन भी जोखिमों से मुक्त नहीं हैं. बाजार में गिरावट, सरकारी नीति में बदलाव, या कार्यक्रम असफलता - ये सभी संगठन के लिए जोखिम पैदा कर सकते हैं. बोर्ड का यह महत्वपूर्ण कार्य है कि वह संगठन को जोखिमों से बचाए और उनके प्रभाव को कम करे. इसके लिए बोर्ड को निम्नलिखित कार्य करने चाहिए:

जोखिम की पहचान: संगठन के लिए संभावित जोखिमों की पहचान करें और उनकी गंभीरता का मूल्यांकन करें.

जोखिम प्रबंधन नीति तैयार करें: जोखिमों से निपटने के लिए स्पष्ट नीति और प्रक्रियाएं निर्धारित करें.

- नियंत्रण प्रणाली स्थापित करें: जोखिमों को कम करने के लिए आंतरिक नियंत्रण प्रणाली लागू करें.
- जोखिम का मूल्यांकन करें: नियमित रूप से जोखिमों का मूल्यांकन करें और नीति में जरूरी बदलाव करें.

विविध विशेषज्ञता का लाभ उठाना: एक ऐसा बोर्ड बनाना जो समुदाय का प्रतिबिंब हो और विभिन्न दृष्टिकोणों को समेटे

गैर-लाभकारी क्षेत्र में सफल संगठनों की एक खासियत यह है कि उनका बोर्ड विभिन्न पृष्ठभूमियों, अनुभवों और विशेषज्ञता से जुड़े सदस्यों का एक समृद्ध समूह होता है. यह विविधता सिर्फ बोर्ड की खूबसूरती नहीं, बल्कि संगठन की सफलता के लिए भी जरूरी है. आइए देखें कि कैसे एक विविध बोर्ड समुदाय का प्रतिबिंब बन सकता है और संगठन को एक नई ऊंचाई तक पहुंचा सकता है.

विविधता क्यों जरूरी?

समुदाय का प्रतिबिंब: बोर्ड में अलग-अलग समुदायों, पृष्ठभूमियों और अनुभवों के प्रतिनिधि होने से संगठन समुदाय के साथ जुड़ाव मजबूत कर सकता है. वे लाभार्थियों की जरूरतों को बेहतर समझ सकते हैं और उनके लिए प्रभावी कार्यक्रम तैयार कर सकते हैं.

नवाचार और रचनात्मकता: विभिन्न दृष्टिकोणों का मिश्रण संगठन के लिए नवाचारी विचारों और रचनात्मक समाधानों का स्रोत बनता है. यह जटिल समस्याओं का सामना करने और नए अवसरों का लाभ उठाने में मदद करता है.

जवाबदेही और जवाबदेहता: विविध पृष्ठभूमि और अनुभव वाले बोर्ड सदस्य अलग-अलग दृष्टिकोणों को उठाते हैं और संगठन को जवाबदेह बनाते हैं. यह पारदर्शिता और जवाबदेही का माहौल बनाता है.

विश्वास और सहयोग: बोर्ड में विविधता का प्रतिबिंब होने से समुदाय के सदस्यों का भरोसा बढ़ता है. वे संगठन को देखते हैं कि वह उनकी जरूरतों और चिंताओं को समझता है और उनके साथ सहयोग करने के लिए तैयार है.

विविधता कैसे लाएं?

- बोर्ड नियुक्ति प्रक्रिया की समीक्षा: सुनिश्चित करें कि नियुक्ति प्रक्रिया निष्पक्ष और पारदर्शी है और विभिन्न पृष्ठभूमियों के उम्मीदवारों को समान अवसर मिलता है.

- कौशल और विशेषज्ञता का आकलन: सिर्फ अनुभव पर ही नहीं, बल्कि कौशल और विशेषज्ञता पर भी ध्यान दें. संगठन की जरूरतों के अनुरूप विभिन्न क्षेत्रों के विशेषज्ञों को शामिल करें.

- जागरूकता अभियान चलाएं: समुदाय के सदस्यों को बोर्ड में शामिल होने के लिए प्रोत्साहित करें. उन्हें बोर्ड की भूमिका और जिम्मेदारियों के बारे में जानकारी दें.

- निरंतर मूल्यांकन: नियमित रूप से बोर्ड की संरचना का मूल्यांकन करें और विविधता बढ़ाने के लिए आवश्यक कदम उठाएं.

विविधता के लाभ उठाना:

- सहयोगी वातावरण: विविधता के लिए खुला वातावरण बनाएं जहां सभी सदस्यों को अपनी राय देने और विचार रखने के लिए प्रोत्साहित किया जाए.

- संवाद और सुनना: सक्रिय रूप से सुनें और सभी सदस्यों के दृष्टिकोणों को ध्यान में रखें.

- संघर्ष का रचनात्मक उपयोग: अलग-अलग विचारों के बीच होने वाले संघर्ष को रचनात्मक तरीके से सुलझाएं और नवाचारी समाधान खोजें.

- विविधता का जश्न मनाएं: विविधता को संगठन की ताकत के रूप में देखें और इसे मनाएं.

विविधता के उदाहरण:

एक महिला स्वास्थ्य संगठन के बोर्ड में डॉक्टरों, सामाजिक कार्यकर्ताओं, ग्रामीण महिलाओं और स्वास्थ्य नीति विशेषज्ञों को शामिल करना.

एक पर्यावरण संरक्षण संगठन के बोर्ड में वैज्ञानिकों, स्वदेशी समुदाय के नेताओं, स्थानीय उद्योगपतियों और युवा पर्यावरण कार्यकर्ताओं को शामिल करना.

एक शिक्षा संगठन के बोर्ड में शिक्षकों, अभिभावकों, शिक्षाविदों, और कॉर्पोरेट सामाजिक जिम्मेदारी विशेषज्ञों को शामिल करना.

विविधता का रास्ता:

विविधता का मतलब सिर्फ सदस्यों की पृष्ठभूमि बदलना नहीं है, बल्कि बोर्ड की कार्यप्रणाली और संस्कृति में भी बदलाव लाना है. सदस्यों को एक-दूसरे को सुनने, सम्मान करने और विचारों के आदान-प्रदान को प्रोत्साहित करने का माहौल बनाने की ज़रूरत है.

सहयोग की संस्कृति का पोषण: खुले संवाद, साझा निर्णय-प्रक्रिया और निरंतर सुधार को अपनाना

गैर-लाभकारी क्षेत्र में सफलता पाने का एक प्रमुख तत्व है - सहयोग की संस्कृति. यह संस्कृति सिर्फ एक आदर्श नहीं, बल्कि बोर्ड, कर्मचारी, हितधारकों, और समुदाय के सभी सदस्यों के बीच एक जीवंत साझेदारी है. इस साझेदारी का आधार है - खुला संवाद, साझा निर्णय-प्रक्रिया, और निरंतर सुधार का प्रयास.

खुले संवाद: पारदर्शिता का प्रकाश

सहयोग की संस्कृति का निर्माण खुले संवाद से शुरू होता है. सूचना का स्वतंत्र प्रवाह, ईमानदार बातचीत, और विभिन्न दृष्टिकोणों का सम्मान इस संस्कृति की नींव है. इसके लिए कुछ महत्वपूर्ण कदम उठाए जा सकते हैं:

- पारदर्शिता का वातावरण: बोर्ड के निर्णयों, वित्तीय स्थिति, और चुनौतियों के बारे में सभी हितधारकों को स्पष्ट रूप से जानकारी प्रदान करें. गोपनीयता के आवश्यक मामलों को छोड़कर, जानकारी छिपाने से बचें.

- सक्रिय सुनना: सिर्फ बोलने पर ध्यान देने के बजाय, दूसरों को सुनने के लिए भी समय निकालें. उनकी चिंताओं, विचारों और सुझावों को ध्यान से सुनें और समझें.

- ईमानदार संवाद: समस्याओं और गलतियों को छिपाने से बचें. ईमानदारी से समस्याओं को स्वीकार करें और सुधार के प्रयासों के बारे में बताएं.

- विभिन्न चैनलों का उपयोग: औपचारिक बैठकों के अलावा, डिजिटल प्लेटफॉर्म, कार्यस्थल संवाद और अनौपचारिक बातचीत के माध्यम से संवाद के कई चैनल बनाएं.

साझा निर्णय-प्रक्रिया: सहयोग की शक्ति

सहयोग की संस्कृति में निर्णय बोर्ड के सदस्य अकेले नहीं लेते, बल्कि सभी हितधारकों की भागीदारी से लिए जाते हैं. यह साझा निर्णय-प्रक्रिया संगठन के लक्ष्यों तक पहुंचने के लिए सभी की क्षमताओं और अनुभवों का लाभ उठाती है. इसके लिए कुछ तरीके अपनाए जा सकते हैं:

हितधारक समूह: विभिन्न हितधारकों के प्रतिनिधियों को शामिल करते हुए समूह बनाएं. इन समूहों के माध्यम से नीतिगत मुद्दों पर चर्चा करें और निर्णय लें.

फीडबैक का स्वागत: हर किसी को निर्णय-प्रक्रिया में अपना योगदान देने का अवसर दें. प्रस्तावों पर फीडबैक मांगें और उस पर विचार करें.

विभिन्न दृष्टिकोणों का सम्मान: सभी विचारों को महत्व दें, भले ही वे पारंपरिक सोच से अलग क्यों न हों. खुले दिमाग से अलग-अलग नजरियों का विश्लेषण करें.

स्पष्ट निर्णय प्रक्रिया: निर्णय लेने की प्रक्रिया को स्पष्ट रूप से परिभाषित करें और सभी को इसकी जानकारी दें. इससे निर्णयों में पारदर्शिता बढ़ेगी और लोगों का विश्वास मजबूत होगा.

निरंतर सुधार: विकास का मार्ग

सहयोग की संस्कृति में जमने का मतलब है, कभी रुकना नहीं. संगठन को लगातार खुद का मूल्यांकन करना चाहिए, सुधार के अवसरों की तलाश करनी चाहिए और बदलाव अपनाने के लिए तैयार रहना चाहिए. इसके लिए कुछ तरीके अपनाए जा सकते हैं:

प्रदर्शन मापन: संगठन के लक्ष्यों और उद्देश्यों को प्राप्त करने में प्रगति का नियमित रूप से मूल्यांकन करें. कार्यक्रमों का प्रभाव, वित्तीय स्थिति, और हितधारकों का फीडबैक इस मूल्यांकन में शामिल करें.

- नवाचार को प्रोत्साहित करें: नया करने, प्रयोग करने और जोखिम लेने के लिए एक संस्कृति बनाएं. कर्मचारियों और हितधारकों को नवाचारी विचारों को प्रस्तुत करने के लिए प्रोत्साहित करें.

Chapter 3: Building Effective Collaborative Practices

अध्याय 3: प्रभावी सहयोगी प्रथाएं बनाना

सहयोग के लिए संरचना बनाना: प्रभावी समिति संरचना, बोर्ड रिट्रीट और संचार चैनल

गैर-लाभकारी क्षेत्र में सहयोग की संस्कृति को मजबूत करने के लिए सिर्फ अच्छी नीयत ही काफी नहीं है. बोर्ड के कामकाज को प्रभावी ढंग से चलाने के लिए ऐसी संरचनाओं की जरूरत होती है जो सहयोग को बढ़ावा दें और संगठन के लक्ष्यों को हासिल करने में सबकी भागीदारी सुनिश्चित करें. आइए देखें कि किस तरह की संरचनाएं सहयोग को बढ़ावा दे सकती हैं:

1. प्रभावी समिति संरचना:

विविध समितियां: बोर्ड के भीतर विभिन्न कार्यों के लिए अलग-अलग समितियों का गठन करें, जैसे कि - कार्यक्रम समिति, फंडरेजिंग समिति, जोखिम प्रबंधन समिति, आदि. इस तरह से अलग-अलग विषयों के विशेषज्ञों को शामिल किया जा सकता है और उनके कौशल का लाभ उठाया जा सकता है.

स्पष्ट जनादेश: प्रत्येक समिति का स्पष्ट जनादेश होना चाहिए. इससे सदस्यों को उनकी जिम्मेदारियों और निर्णय लेने के अधिकार के बारे में स्पष्टता होगी.

निरंतर मूल्यांकन: समय-समय पर समितियों के कामकाज का मूल्यांकन करें और आवश्यक बदलाव करें.

2. बोर्ड रिट्रीट:

- समर्पित समय: बोर्ड के सदस्यों के लिए नियमित रिट्रीट आयोजित करें. इन रिट्रीट में रोजमर्रा के कामों से हटकर संगठन के भविष्य, रणनीति और चुनौतियों पर गहन चर्चा करने का अवसर मिलता है.

- अनौपचारिक माहौल: रिट्रीट के दौरान औपचारिकता कम रखें और सदस्यों के बीच संबंधों को मजबूत करने के लिए अनौपचारिक गतिविधियों का आयोजन करें. इससे खुले संचार और सहयोग का माहौल बनता है.

- विविधता का समावेश: रिट्रीट में बोर्ड के सदस्यों के अलावा संगठन के कर्मचारी, स्वयंसेवक और अन्य हितधारकों को भी शामिल करें. इससे विभिन्न नजरियों से मुद्दों पर चर्चा हो सकती है और निर्णय लेने की प्रक्रिया में भागीदारी बढ़ेगी.

3. संचार चैनल:

- एकीकृत प्रणाली: विभिन्न संचार चैनलों का उपयोग करके सूचना का प्रवाह बनाए रखें. ईमेल, सोशल मीडिया, इंट्रानेट, नियमित बैठकें आदि का समावेश करें.

- дву-दिशा संवाद: सिर्फ जानकारी देने पर ध्यान न दें, बल्कि फीडबैक और सुझावों के लिए भी चैनल खुले रखें. इससे सदस्यों के बीच सक्रिय संवाद और सहयोग का माहौल बनेगा.

- पारदर्शिता: महत्वपूर्ण निर्णयों, वित्तीय स्थिति और चुनौतियों के बारे में समय पर और स्पष्ट रूप से जानकारी दें. गोपनीयता के आवश्यक मामलों को छोड़कर, सूचना का खुला प्रवाह विश्वास और सहयोग को मजबूत करता है.

उदाहरण:

एक शिक्षा संगठन ने विभिन्न कार्यक्रमों के लिए समितियों का गठन किया, जिसमें शिक्षाविद, अभिभावक और शिक्षक शामिल थे. इससे विभिन्न नजरियों से कार्यक्रमों का मूल्यांकन हुआ और सुधार के लिए सुझाव मिले.

एक पर्यावरण संरक्षण संगठन ने बोर्ड रिट्रीट के दौरान स्थानीय समुदाय के नेताओं को भी आमंत्रित किया. इससे समुदाय की जरूरतों को बेहतर ढंग से समझने और उनके साथ सहयोग बढ़ाने में मदद मिली.

एक स्वास्थ्य सेवा संगठन ने कर्मचारियों के लिए एक आंतरिक फोरम बनाया, जहां वे सुझाव दे सकते थे और प्रबंधन से सीधे बातचीत कर सकते थे. इससे कर्मचारियों की भागीदारी बढ़ी और संगठन में सुधार के लिए नवाचारों को बढ़ावा मिला.

संचार चैनल:

विभिन्न चैनलों का उपयोग: विभिन्न संचार चैनलों का उपयोग करें, जैसे कि ईमेल, मीटिंग्स, इंट्रानेट, सोशल मीडिया और अनौपचारिक बातचीत.

दो-तरफ़ा संचार: सिर्फ सूचना देने पर ध्यान न दें, बल्कि फीडबैक और सुझावों के लिए भी दरवाज़ा खोलें.

स्पष्ट और संक्षिप्त संचार: संदेशों को स्पष्ट, संक्षिप्त और आसानी से समझने योग्य बनाएं.

नियमित अपडेट: हितधारकों को संगठन के काम के बारे में नियमित अपडेट प्रदान करें. इससे वे संगठन के साथ जुड़े हुए महसूस करेंगे और सहयोग करने के लिए प्रेरित होंगे.

सहयोग के उपकरण और तकनीक: प्रभावी बैठकों का आयोजन, प्रौद्योगिकी का उपयोग और संघर्ष समाधान रणनीतियां

गैर-लाभकारी क्षेत्र में सफल सहयोग के लिए सिर्फ इच्छा ही काफी नहीं है. प्रभावी उपकरण और तकनीकों का उपयोग संगठन को एक साथ काम करने, समस्याओं का समाधान खोजने और प्रभावी परिणाम प्राप्त करने में सक्षम बनाता है. आइए देखें कि कुछ महत्वपूर्ण उपकरण और तकनीकें कैसे सहयोग को बढ़ावा दे सकती हैं:

प्रभावी बैठकों का आयोजन:

- स्पष्ट उद्देश्य और एजेंडा: हर बैठक का एक स्पष्ट उद्देश्य और एजेंडा होना चाहिए, जिसे सभी सदस्यों को पहले से ही भेजा जाए. इससे समय का सदुपयोग होता है और सभी जानते हैं कि क्या हासिल करना है.
- सक्रिय भागीदारी: बैठक को एकतरफा व्याख्यान न बनाएं. सवाल पूछें, राय लें और सभी को चर्चा में शामिल करें. यह सुनिश्चित करें कि शांत स्वर वाले भी अपनी बात कह सकें.
- समय प्रबंधन: बैठक का समय निर्धारित करें और उसका पालन करें. विषय पर ध्यान केंद्रित रहें और अनावश्यक चर्चा से बचें.
- निर्णय लेने की प्रक्रिया: स्पष्ट निर्णय लेने की प्रक्रिया निर्धारित करें, जिसमें सभी को अपनी राय देने का अवसर मिले.

प्रौद्योगिकी का उपयोग:

- संचार उपकरण: ऑनलाइन मीटिंग प्लेटफॉर्म, संदेशवाहक ऐप और सहयोगी दस्तावेज़ जैसे उपकरण भौगोलिक दूरियों के बावजूद संचार को सुगम बनाते हैं और रीयल-टाइम सहयोग को बढ़ावा देते हैं.

प्रोजेक्ट मैनेजमेंट सॉफ्टवेयर: प्रोजेक्ट मैनेजमेंट सॉफ्टवेयर कार्यों को ट्रैक करने, समयसीमा का प्रबंधन करने और संचार को सुव्यवस्थित करने में मदद करता है. यह सुनिश्चित करता है कि सभी सदस्य एक ही पृष्ठ पर हों और समय पर लक्ष्य पूरा कर सकें.

क्लाउड-आधारित स्टोरेज: क्लाउड-आधारित स्टोरेज दस्तावेज़ों, डेटा और अन्य संसाधनों को सुरक्षित रूप से संग्रहीत करने और उन्हें सभी सदस्यों के लिए सुलभ बनाता है. यह सहयोग को बढ़ावा देता है और डेटा के दोहराव से बचाता है.

संघर्ष समाधान रणनीतियां:

सक्रिय सुनना और समझना: जब कोई असहमति या संघर्ष उत्पन्न हो, तो सभी पक्षों को ध्यान से सुनें और उनकी बातों को समझने का प्रयास करें. पूर्वाग्रह से बचें और खुले दिमाग से अलग-अलग दृष्टिकोणों पर विचार करें.

स्पष्ट और ईमानदार संवाद: अपनी चिंताओं और विचारों को स्पष्ट और ईमानदारी से व्यक्त करें. साथ ही, दूसरों की बातों को सुनने और समझने के लिए तैयार रहें.

समझौता खोजना: संघर्ष का समाधान उसी समय ढूंढने का प्रयास करें. हार-जीत की मानसिकता से बचें और सभी के लिए स्वीकार्य समाधान खोजने का प्रयास करें.

मध्यस्थता और सुविधा: यदि संघर्ष अपने आप सुलझता नहीं दिखता है, तो किसी तटस्थ पक्ष को मध्यस्थ के रूप में शामिल करने पर विचार करें. यह व्यक्ति सभी पक्षों को सुनने में मदद कर सकता है और एक समाधान खोजने में मार्गदर्शन कर सकता है.

उदाहरण:

- एक गैर-लाभकारी संगठन एक नए कार्यक्रम की योजना बना रहा है. संगठन के विभिन्न विभागों के सदस्यों की अलग-अलग राय है. इस स्थिति में, संगठन एक ऑनलाइन दस्तावेज़ में विचारों को एकत्र कर सकता है और रीयल-टाइम में चर्चा कर सकता है. इससे सभी सदस्य अपनी राय दे सकते हैं और एक संतुलित निर्णय लेने में मदद मिल सकती है.

- Trello जैसे प्रोजेक्ट मैनेजमेंट टूल का उपयोग करके कार्यों को ट्रैक करें, समय सीमा निर्धारित करें और टीम के सदस्यों के बीच जिम्मेदारियों को विभाजित करें.

- Facebook या LinkedIn जैसे सोशल मीडिया प्लेटफॉर्म पर स्वयंसेवियों की भर्ती करें, कार्यक्रमों का प्रचार करें और हितधारकों के साथ जुड़ें.

संघर्ष समाधान रणनीतियां:

- समस्या को स्पष्ट रूप से परिभाषित करें: संघर्ष का मूल कारण समझना महत्वपूर्ण है. इससे उसका समाधान ढूंढने में मदद मिलती है.

- सक्रिय सुनना और सहानुभूति: सभी पक्षों की बातों को ध्यान से सुनें और उनकी भावनाओं को समझें.

- सामान्य हितों की पहचान: संघर्ष के बावजूद, साझा लक्ष्यों और हितों की पहचान करें और उन पर ध्यान देने का प्रयास करें.

- रचनात्मक समाधान पर ध्यान दें: समस्या पर दोषारोपण करने के बजाय, रचनात्मक समाधान खोजने पर ध्यान दें, जो सभी पक्षों के लिए स्वीकार्य हो.

सत्ता के खेल: सभी आवाजों को सुनना और हितों के टकराव को संभालना

गैर-लाभकारी क्षेत्र में सफलता के लिए सहयोग और सामंजस्य जरूरी है, लेकिन इस रास्ते में अक्सर सत्ता के खेल भी सामने आते हैं. बोर्ड के सदस्यों, कर्मचारियों और हितधारकों के बीच अलग-अलग अनुभव, विशेषज्ञता और दृष्टिकोण होते हैं, जिससे निर्णय लेने की प्रक्रिया में असंतुलन और तनाव पैदा हो सकता है. इस चुनौती का सामना करने के लिए, हमें सत्ता के खेल को समझना होगा और सभी आवाजों को सुनते हुए हितों के टकराव को प्रभावी ढंग से संभालने के लिए रणनीतियां विकसित करनी होंगी.

सत्ता के खेल को समझना:

अप्रत्यक्ष और प्रत्यक्ष सत्ता: सत्ता कई रूपों में दिखाई देती है. इसमें बोर्ड सदस्य का पद, वरिष्ठ कर्मचारी का अनुभव, या किसी खास क्षेत्र में विशेषज्ञता शामिल हो सकती है.

पर्दे के पीछे का खेल: निर्णय लेने की प्रक्रिया में अक्सर ऐसे कारक काम करते हैं जो सतह पर दिखाई नहीं देते. व्यक्तिगत संबंध, पूर्वाग्रह और निजी हितों के टकराव से निर्णय प्रभावित हो सकते हैं.

चुप्पी की आवाज: सत्ता के दबाव में कई बार कम आवाजों को सुना अनसुना कर दिया जाता है. युवा कर्मचारी, नए सदस्य या हाशिए के समुदायों के प्रतिनिधियों की आवाजों को ध्यान से सुनना और उनका सम्मान करना जरूरी है.

सभी आवाजों को सुनना:

- सहभागी प्रक्रियाएं: निर्णय लेने की प्रक्रिया में सभी हितधारकों को शामिल करें. सर्वेक्षण, फोकस ग्रुप और वर्कशॉप के माध्यम से उनकी राय और चिंताओं को सुनें.
- पारदर्शिता: निर्णय लेने का आधार, विकल्पों का मूल्यांकन और अंतिम फैसले का कारण सभी को स्पष्ट रूप से बताएं.
- विविधता का सम्मान: अलग-अलग पृष्ठभूमि, अनुभव और दृष्टिकोणों को महत्व दें. केवल अपने से मिलती-जुलती आवाजों को ही सुनने से बचना चाहिए.

हितों के टकराव को संभालना:

- स्पष्ट नीतियां: हितों के टकराव को पहचानने, रोकने और प्रबंधित करने के लिए स्पष्ट नीतियां बनाएं. बोर्ड के सदस्यों के लिए आचार संहिता, कर्मचारियों के लिए हितों का खुलासा करने की प्रक्रिया और स्वतंत्र निगरानी तंत्र शामिल किए जा सकते हैं.
- खुले संवाद: हितों के टकराव के मामलों में खुले और ईमानदार संवाद को प्रोत्साहित करें. प्रभावित व्यक्ति को अपनी स्थिति स्पष्ट करने का अवसर दें और रचनात्मक समाधान खोजें.
- स्वतंत्र मध्यस्थता: यदि हितों का टकराव गंभीर है और आंतरिक रूप से सुलझाना संभव नहीं है, तो किसी स्वतंत्र मध्यस्थ की मदद लेने में संकोच न करें.

सफलता के लिए कदम:

- निरंतर सतर्कता: सत्ता के खेल और हितों के टकराव को रोकने के लिए सतर्क रहें और समय-समय पर अपनी प्रक्रियाओं की समीक्षा करें.

संस्कृति का निर्माण: ऐसी संस्कृति का निर्माण करें जहां सभी को सुरक्षित महसूस हो अपनी राय व्यक्त करने के लिए, भले ही वह बहुमत से अलग क्यों न हो.

निरंतर सीखना: सत्ता के खेल और हितों के टकराव को बेहतर ढंग से समझने और प्रबंधित करने के लिए सीखने की प्रक्रिया को जारी रखें.

हितों के टकराव से बचें:

हालांकि सभी आवाज़ों को सुनना जरूरी है, लेकिन यह भी ध्यान रखना चाहिए कि हितधारकों के हित हमेशा आपस में मेल नहीं खाते. ऐसे में हितों के टकराव को रोकने और प्रबंधन करने के लिए कुछ उपाय अपनाए जा सकते हैं:

स्पष्ट नीतियां: हितों के टकराव से जुड़ी स्पष्ट नीतियां बनाएं. इन नीतियों में यह बताया जाना चाहिए कि हितों का टकराव कब होता है, ऐसे मामलों में क्या किया जाना चाहिए और जिम्मेदारियां किसकी हैं.

पारदर्शिता: सभी निर्णयों में पारदर्शिता बनाए रखें. यह बताएं कि कोई निर्णय क्यों लिया गया और उसमें किन हितधारकों का योगदान रहा.

स्वतंत्र समीक्षा: हितों के टकराव के संभावित मामलों की स्वतंत्र समीक्षा करें. इससे निर्णयों की निष्पक्षता और विश्वसनीयता बढ़ेगी.

उदाहरण:

बोर्ड के सदस्य किसी कंपनी के मालिक हैं जो संगठन को वित्तीय सहायता देती है. यह एक हितों का टकराव का मामला है. ऐसे में बोर्ड के सदस्य को उस कंपनी से संबंधित निर्णयों में भाग नहीं लेना चाहिए.

- कर्मचारी किसी स्वयंसेवी के साथ रिश्ते में है. यह भी एक हितों का टकराव का मामला है. ऐसे में कर्मचारी को इस स्वयंसेवी के साथ काम करने से बचना चाहिए.

सहयोग की सफलता को मापना और मूल्यांकन करना: सहयोग के लक्ष्यों पर प्रगति का ट्रैक रखना और प्रभाव का प्रदर्शन करना

गैर-लाभकारी क्षेत्र में, सहयोग एक ऐसा महत्वपूर्ण तत्व है जो संगठन को अपनी क्षमता को बढ़ाने, लक्ष्यों को प्राप्त करने और समुदाय में सकारात्मक बदलाव लाने में सक्षम बनाता है। लेकिन सहयोग की सफलता को कैसे मापा जाए और यह कैसे प्रभाव पैदा कर रहा है, इसे कैसे प्रदर्शित किया जाए? यही इस अध्याय का मुख्य विषय है।

सहयोग के लक्ष्य निर्धारित करना:

सहयोग की सफलता का मापन करने के लिए, सबसे पहले स्पष्ट लक्ष्य निर्धारित करना आवश्यक है। ये लक्ष्य SMART (Specific, Measurable, Achievable, Relevant, and Time-bound) होने चाहिए। कुछ उदाहरण:

बोर्ड और कर्मचारियों के बीच संचार में 20% की वृद्धि।

कार्यक्रमों में हितधारकों की भागीदारी में 30% का सुधार।

संयुक्त निर्णय लेने की प्रक्रियाओं का विकास और कार्यान्वयन।

उभरते मुद्दों पर सूचना साझा करने के लिए एक मंच का निर्माण।

प्रगति का ट्रैक रखना:

एक बार लक्ष्य निर्धारित हो जाने पर, प्रगति का ट्रैक रखना महत्वपूर्ण है। इसके लिए विभिन्न तरीके अपनाए जा सकते हैं:

नियमित सर्वेक्षण और फीडबैक: हितधारकों से नियमित रूप से फीडबैक लें कि वे सहयोग के अनुभव को कैसा मानते हैं।

- डेटा का विश्लेषण: सहयोग से जुड़े डेटा का विश्लेषण करें, जैसे कि बैठकों में उपस्थिति, संचार चैनलों का उपयोग, निर्णय लेने की प्रक्रिया में भागीदारी आदि.
- केस स्टडी: सफल सहयोग के उदाहरणों का अध्ययन करें और उन्हें दूसरों के साथ साझा करें.
- प्रदर्शन संकेतक: सहयोग के लक्ष्यों से जुड़े प्रदर्शन संकेतक विकसित करें और उनकी नियमित रूप से समीक्षा करें.

प्रभाव का प्रदर्शन:

सहयोग की सफलता का मापन सिर्फ आंतरिक लक्ष्यों तक ही सीमित नहीं होना चाहिए. यह भी महत्वपूर्ण है कि संगठन समुदाय पर किस तरह का प्रभाव डाल रहा है, यह प्रदर्शित किया जाए. इसके लिए कुछ तरीके अपनाए जा सकते हैं:

- लाभार्थियों की कहानियां: लाभार्थियों की कहानियों को साझा करें, जिनमें दिखाया जाए कि संगठन के काम ने उनके जीवन में कैसे सकारात्मक बदलाव लाए हैं.
- आंकड़ों का उपयोग: संगठन के प्रभाव को मापने के लिए आंकड़ों का उपयोग करें, जैसे कि कार्यक्रम के पूरा होने की दर, लाभार्थियों की आय में वृद्धि, या सामाजिक समस्याओं में कमी.
- मीडिया कवरेज: मीडिया आउटलेट्स के साथ सहयोग करें और संगठन के काम के बारे में समाचारों को प्रसारित करने में मदद लें.
- फंडिंग एजेंसियों को रिपोर्ट: फंडिंग एजेंसियों को नियमित रूप से रिपोर्ट प्रस्तुत करें, जिनमें संगठन के प्रभाव को मापने के लिए उपयोग किए गए तरीकों और प्राप्त किए गए परिणामों को शामिल किया जाए.

उदाहरण:

एक स्वास्थ्य जागरूकता कार्यक्रम का लक्ष्य 500 लोगों को ब्लड शुगर जांच के लिए प्रेरित करना है. कार्यक्रम के अंत में, 600 लोगों ने जांच करवाई, जो लक्ष्य से अधिक है. यह कार्यक्रम की सफलता का एक माप है.

एक ग्रामीण विकास संगठन ने महिलाओं के स्वयं सहायता समूहों को गठित किया, जिसके परिणामस्वरूप उनकी आय में 25% की वृद्धि हुई. यह संगठन के प्रभाव का एक उदाहरण है.

सहयोग सिर्फ आंतरिक प्रक्रिया नहीं है, बल्कि इसका बाहरी प्रभाव भी होना चाहिए. संगठन के समग्र प्रभाव को प्रदर्शित करना महत्वपूर्ण है, जो सहयोग के प्रयासों से भी प्रभावित होता है. इसके लिए कुछ तरीके अपनाए जा सकते हैं:

- प्रभाव रिपोर्ट: नियमित रूप से प्रभाव रिपोर्ट तैयार करें, जिसमें सहयोग के प्रयासों के परिणामों का उल्लेख करें. यह रिपोर्ट दाताओं, हितधारकों और अन्य महत्वपूर्ण पक्षों के साथ साझा की जानी चाहिए.

- केस स्टडी: अपने कार्यक्रमों और सेवाओं के प्रभाव का वर्णन करने के लिए केस स्टडी का उपयोग करें. यह दिखाएं कि कैसे सहयोग ने सकारात्मक बदलाव लाया है.

- ग्राहक की कहानियां: लाभार्थियों और अन्य हितधारकों की कहानियां सुनाएं, जिनके जीवन संगठन के काम से सकारात्मक रूप से प्रभावित हुए हैं. इससे सहयोग के महत्व को समझने में मदद मिलेगी.

- मीडिया कवरेज: मीडिया आउटरीच के जरिए अपने सहयोग के प्रयासों और उनके प्रभाव को उजागर करें. इससे संगठन की प्रतिष्ठा बढ़ेगी और नए सहयोग के अवसर मिल सकते हैं.

Chapter 4: Case Studies in Collaborative Non-profit Governance

अध्याय 4: सहयोगी गैर-लाभकारी संचालन में केस स्टडीज

सहयोगी शासन का प्रकाश: सफल गैर-लाभकारी संगठनों के प्रेरक उदाहरण

गैर-लाभकारी क्षेत्र में पारंपरिक पदानुक्रमित शासन संरचनाओं से हटकर, सहयोगी शासन मॉडल तेजी से अपनाए जा रहे हैं. ये मॉडल बोर्ड, कर्मचारी, हितधारक और समुदाय के सभी सदस्यों को निर्णय लेने में भागीदार बनाते हैं, जिससे अधिक समावेशी, प्रभावी और टिकाऊ संगठन बनते हैं. आइए कुछ ऐसे प्रेरक उदाहरणों पर नज़र डालें:

1. ग्रामीण विकास केंद्र (ग्राम विकास):

- मॉडल: सह-संस्थापक शासन, जहां बोर्ड के सदस्य ग्रामीण समुदाय के निर्वाचित प्रतिनिधि होते हैं.
- प्रभाव: समुदाय की जरूरतों के प्रति अधिक संवेदनशील निर्णय, ग्रामीण स्वामित्व और सशक्तीकरण में वृद्धि, दीर्घकालिक स्थिरता.

2. आशा फाउंडेशन:

- मॉडल: पारदर्शिता और सहभागिता पर आधारित शासन. सभी कर्मचारियों और हितधारकों को वार्षिक रणनीतिक योजनाओं के निर्माण और मूल्यांकन में शामिल किया जाता है.

प्रभाव: कर्मचारियों का उच्च मनोबल और स्वामित्व की भावना, अभिनव समाधानों का विकास, दाताओं और समुदाय का बढ़ा हुआ विश्वास.

3. अक्षर फाउंडेशन:

मॉडल: विकेंद्रीकृत शासन, जहां स्थानीय कार्यक्रम टीमों को स्वायत्तता और जवाबदेही दी जाती है.

प्रभाव: तेजी से निर्णय लेने की क्षमता, जमीनी स्तर की जरूरतों के प्रति बेहतर प्रतिक्रिया, उच्च कार्यक्रम प्रभावशीलता.

4. हेल्थकेयर एक्सेस इंडिया:

मॉडल: बहु-हितधारक बोर्ड, जिसमें सरकारी प्रतिनिधि, स्वास्थ्य क्षेत्र के विशेषज्ञ और समुदाय के सदस्य शामिल हैं.

प्रभाव: विभिन्न दृष्टिकोणों का समावेश, संसाधनों का अधिक कुशलता से उपयोग, सार्वजनिक स्वास्थ्य नीतियों में समुदाय की आवाज़ को शामिल करना.

5. स्वराज पीजी कॉलेज:

मॉडल: छात्र-केंद्रित शासन, जहां छात्रों को कॉलेज के प्रबंधन में शामिल किया जाता है.

प्रभाव: छात्रों के नेतृत्व कौशल का विकास, बेहतर शिक्षण अनुभव, संस्थान के प्रति स्वामित्व की भावना बढ़ना.

सफलता के मंत्र:

इन उदाहरणों से स्पष्ट है कि सहयोगी शासन मॉडल सफल होने के लिए कुछ महत्वपूर्ण तत्वों की आवश्यकता होती है:

- स्पष्ट जनादेश और मूल्य: संगठन के लक्ष्यों और मूल्यों को स्पष्ट रूप से परिभाषित करना चाहिए।
- समावेशी प्रक्रियाएं: सभी हितधारकों को निर्णय लेने की प्रक्रिया में शामिल किया जाना चाहिए।
- पारदर्शिता और जवाबदेही: निर्णय लेने की प्रक्रिया और परिणाम सभी के लिए स्पष्ट होने चाहिए।
- सहयोग और संचार: विभिन्न हितधारकों के बीच लगातार संवाद और सहयोग होना चाहिए।
- निरंतर सीखना और सुधार: संगठन को लगातार खुद का मूल्यांकन करना चाहिए और सुधार के अवसरों की तलाश करनी चाहिए।

सहयोगी शासन मॉडल एक चुनौतीपूर्ण लेकिन बेहद Rewarding राह है. ये मॉडल गैर-लाभकारी संगठनों को अधिक प्रभावी, टिकाऊ और समावेशी बनाते हैं, जिससे असल में दुनिया को बदलने की ताकत मिलती है.

ध्यान दें: इन उदाहरणों के साथ और अधिक जानकारी जोड़ने के लिए, आप संबंधित संगठनों की वेबसाइटों या अन्य स्रोतों से जानकारी प्राप्त कर सकते हैं. आप विशिष्ट चुनौतियों और सफलताओं के बारे में भी बता सकते हैं

गैर-लाभकारी क्षेत्र में सफलता के लिए सिर्फ अच्छा काम करना ही काफी नहीं है, बल्कि एक मजबूत और सहयोगी शासन मॉडल भी जरूरी है. ऐसे मॉडल संगठन के सभी हितधारकों को निर्णय-प्रक्रिया में शामिल करते हैं, जिससे विविध दृष्टिकोणों का लाभ उठाया जा सकता है और बेहतर निर्णय लिए जा सकते हैं. आज हम कुछ ऐसे गैर-लाभकारी संगठनों की कहानियां देखेंगे, जिन्होंने सहयोगी शासन को सफलतापूर्वक लागू किया है और इससे संगठन को काफी लाभ पहुंचा है.

1. बेंगलुरु फुटबॉल क्लब (BFC):

बेंगलुरु फुटबॉल क्लब भारत के सबसे सफल फुटबॉल क्लबों में से एक है. यह क्लब एक अनोखे सहयोगी शासन मॉडल पर काम करता है, जिसमें क्लब के सदस्य महत्वपूर्ण निर्णय लेते हैं. क्लब के सदस्य बोर्ड ऑफ गवर्नर्स का चुनाव करते हैं, जो फिर क्लब के प्रबंधन के लिए जिम्मेदार होता है. इस मॉडल से क्लब के सदस्य सीधे क्लब के भविष्य में शामिल महसूस करते हैं और क्लब के लिए जुनून रखते हैं. नतीजा: बेंगलुरु फुटबॉल क्लब ने लगातार 5 साल तक आईएसएल लीग का फाइनल खेला और 2018 में लीग का खिताब भी जीता.

2. विकिपीडिया:

विकिपीडिया दुनिया का सबसे बड़ा विश्वकोश है और यह पूरी तरह से स्वयंसेवियों के प्रयासों से चलता है. विकिपीडिया का सहयोगी शासन मॉडल संपादकों के एक खुले समुदाय पर आधारित है. कोई भी व्यक्ति विकिपीडिया के लेखों को लिख, संपादित और सुधार सकता है. यह मॉडल विकिपीडिया को विविध दृष्टिकोणों का लाभ उठाने की अनुमति देता है और दुनिया भर के लोगों को ज्ञान साझा करने का अवसर प्रदान करता है. नतीजा: आज विकिपीडिया 300 से अधिक भाषाओं में उपलब्ध है और इसमें लाखों लेख शामिल हैं. यह दुनिया भर के लोगों के लिए ज्ञान का एक अमूल्य स्रोत बन गया है.

3. सी ग्राम स्वराज अभियान:

सी ग्राम स्वराज अभियान ग्रामीण भारत में सामुदायिक विकास के लिए काम करने वाला एक गैर-लाभकारी संगठन है. यह संगठन एक सहभागी शासन मॉडल का उपयोग करता है, जिसमें गांव के लोग संगठन के कार्यक्रमों और गतिविधियों को डिजाइन और कार्यान्वित करने में सक्रिय रूप से शामिल होते हैं. इस मॉडल से गांव के लोग अपनी जरूरतों और

प्राथमिकताओं के अनुसार खुद विकास का रास्ता चुन सकते हैं. नतीजा: सी ग्राम स्वराज अभियान के प्रयासों से कई गांवों में शिक्षा, स्वास्थ्य और आजीविका के क्षेत्र में उल्लेखनीय सुधार हुआ है. गांव के लोग खुद अपने विकास के लिए जिम्मेदार महसूस करते हैं और संगठन के साथ मिलकर काम करते हैं.

4. ओपन सोर्स इनिशिएटिव:

ओपन सोर्स सॉफ्टवेयर विकास का एक मॉडल है, जिसमें सॉफ्टवेयर का कोड स्वतंत्र रूप से उपलब्ध होता है और कोई भी इसे देख, संपादित और वितरित कर सकता है. ओपन सोर्स इनिशिएटिव एक सहयोगी शासन मॉडल का उपयोग करते हुए ओपन सोर्स सॉफ्टवेयर प्रोजेक्ट्स को चलाते हैं. इन प्रोजेक्ट्स में दुनिया भर के डेवलपर्स स्वेच्छा से शामिल होते हैं और मिलकर सॉफ्टवेयर को विकसित करते हैं. नतीजा: ओपन सोर्स इनिशिएटिव के जरिए कई बेहतरीन सॉफ्टवेयर प्रोग्राम विकसित किए गए हैं, जैसे कि लिनक्स ऑपरेटिंग सिस्टम और अपाचे वेब सर्वर.

विविध क्षेत्रों की सफलता की कहानियां: स्वास्थ्य, शिक्षा, पर्यावरण और सामाजिक न्याय संगठनों से प्रेरणा

गैर-लाभकारी क्षेत्र विभिन्न क्षेत्रों में बदलाव लाने का एक शक्तिशाली माध्यम है. स्वास्थ्य, शिक्षा, पर्यावरण और सामाजिक न्याय जैसे अलग-अलग क्षेत्रों में कई संगठन अपने अनूठे तरीकों से सकारात्मक बदलाव लाने के लिए काम कर रहे हैं. आइए ऐसे ही कुछ संगठनों की सफलता की कहानियों पर नज़र डालें और उनसे प्रेरणा लें.

स्वास्थ्य:

"डॉक्टर्स विदआउट बॉर्डर्स": यह अंतरराष्ट्रीय संगठन संघर्ष और प्राकृतिक आपदाओं से प्रभावित क्षेत्रों में चिकित्सा सहायता प्रदान करता है. वे स्थानीय समुदायों के साथ साझेदारी करके दीर्घकालिक स्वास्थ्य प्रणालियों को मजबूत करते हैं. नतीजा: लाखों लोगों को आवश्यक चिकित्सा सहायता मिली है और कई देशों में स्वास्थ्य प्रणालियों में सुधार हुआ है.

"ग्रामीण स्वास्थ्य मिशन": भारत सरकार द्वारा शुरू की गई यह योजना देश के ग्रामीण क्षेत्रों में स्वास्थ्य सेवाओं का विस्तार करती है. आशा कार्यकर्ता और ग्रामीण स्वास्थ्य केंद्रों के माध्यम से प्राथमिक स्वास्थ्य देखभाल तक पहुंच बढ़ी है. नतीजा: मातृत्व मृत्यु दर और बाल मृत्यु दर में कमी आई है और ग्रामीण आबादी को बेहतर स्वास्थ्य सेवाएं मिलने लगी हैं.

शिक्षा:

"खान अकादमी": यह ऑनलाइन शिक्षा प्लेटफॉर्म सभी के लिए उच्च गुणवत्ता वाली शिक्षा तक मुफ्त पहुंच प्रदान करता है. लघु वीडियो और इंटरैक्टिव अभ्यास के जरिए विभिन्न विषयों में शिक्षा प्रदान की जाती

है. नतीजा: लाखों लोगों ने अपनी शिक्षा को आगे बढ़ाया है और सीमित संसाधनों वाले क्षेत्रों में भी शिक्षा तक पहुंच बढ़ी है.

- "सरस्वती विद्या केन्द्र": यह भारत में ग्रामीण क्षेत्रों में बच्चियों के लिए निःशुल्क आवासीय विद्यालय चलाने वाला एक संगठन है. सुरक्षित और शिक्षाप्रद माहौल प्रदान करके लड़कियों की शिक्षा को बढ़ावा देते हैं. नतीजा: हजारों लड़कियों ने शिक्षा प्राप्त की है और भविष्य में बेहतर जीवन बनाने के लिए सशक्त बनी हैं.

पर्यावरण:

- "सनराइज़ मूवमेंट": यह आंदोलन जलवायु परिवर्तन के खिलाफ युवाओं को संगठित करता है और टिकाऊ विकास के लिए काम करता है. स्थानीय समुदायों के साथ मिलकर पर्यावरण संरक्षण परियोजनाएं चलाते हैं. नतीजा: लाखों युवा जलवायु कार्रवाई में शामिल हुए हैं और पर्यावरण संरक्षण के प्रति जागरूकता बढ़ी है.
- "ग्रामीण विकास संस्थान": यह भारत में ग्रामीण क्षेत्रों में पर्यावरण संरक्षण और टिकाऊ विकास पर काम करता है. जंगल बचाने, जल संरक्षण और नवीकरणीय ऊर्जा को बढ़ावा देने जैसे कार्य करते हैं. नतीजा: कई गांवों में पर्यावरण संरक्षण और आजीविका के स्रोतों के विकास में सफलता मिली है.

सामाजिक न्याय:

- "सेवा भारती": यह भारत में वंचित समुदायों के उत्थान के लिए काम करने वाला एक संगठन है. शिक्षा, स्वास्थ्य, आजीविका और सामाजिक जागरूकता के क्षेत्रों में काम करते हैं. नतीजा: कई समुदायों में सामाजिक और आर्थिक विकास हुआ है और वंचित लोगों को सशक्त बनाया गया है.

"ह्यूमन राइट्स वॉच": यह अंतरराष्ट्रीय संगठन दुनिया भर में मानवाधिकारों के हनन की निगरानी करता है और उन पर रिपोर्ट करता है.

चुनौतियां और सीखे हुए सबक: आम बाधाओं की पहचान और उन्हें पार करने के लिए सर्वोत्तम तरीके

गैर-लाभकारी क्षेत्र में काम करना नेक इरादों और जुनून से भरा हुआ होता है, लेकिन सफलता का रास्ता हमेशा आसान नहीं होता. कई चुनौतियां संगठनों की प्रगति में बाधा डाल सकती हैं और उनका प्रभाव कम कर सकती हैं. लेकिन इन चुनौतियों से भी सीखने को मिलता है और संगठनों को मजबूत बनाया जा सकता है. आइए देखें कि गैर-लाभकारी क्षेत्र में आम चुनौतियां क्या हैं और उन पर कैसे विजय प्राप्त की जा सकती है:

1. वित्तीय स्थिरता:

- चुनौती: फंडिंग हासिल करना मुश्कil हो सकता है, खासकर अनिश्चित आर्थिक समय में. दाता अक्सर जोखिम उठाना नहीं चाहते और टिकाऊ आय स्रोत विकसित करना जटिल हो सकता है.
- सबक: विविध फंडिंग स्रोत तलाशें, जैसे कि दाता, अनुदान, कॉर्पोरेट साझेदारी, और उद्यमी प्रयास. पारदर्शिता और जवाबदेही बनाए रखें. प्रभावी फंडिंग प्रस्ताव लिखें और दाताओं के साथ अच्छे संबंध बनाएं.

2. क्षमता निर्माण:

- चुनौती: गुणवत्तापूर्ण कर्मचारियों को नियुक्त करना और उन्हें प्रशिक्षित करना मुश्किल हो सकता है, खासकर सीमित बजट के साथ. संगठन के सदस्यों के कौशल और ज्ञान को विकसित करना भी महत्वपूर्ण है.
- सबक: स्वयंसेवियों और इंटर्नशिप कार्यक्रमों का लाभ उठाएं. कर्मचारियों के विकास और प्रशिक्षण में निवेश करें. ज्ञान साझा करने और सहकर्मी सीखने को प्रोत्साहित करें.

3. जवाबदेही और पारदर्शिता:

चुनौती: हितधारकों को जवाबदेह होना और संगठन के कार्यों के बारे में पारदर्शी रहना जरूरी है, लेकिन ऐसा करना हमेशा आसान नहीं होता.

सबक: नियमित रूप से प्रभाव रिपोर्ट प्रकाशित करें. हितधारकों के साथ संवाद को खुला और नियमित रखें. फीडबैक और राय का स्वागत करें. स्वतंत्र ऑडिट और मूल्यांकन कराएं.

4. प्रभाव का मापन:

चुनौती: संगठन के प्रभाव का ठोस तरीके से मापन करना मुश्किल हो सकता है, खासकर अमूर्त लक्ष्यों के लिए.

सबक: मापनीय लक्ष्य निर्धारित करें और डेटा का उपयोग करके प्रगति को ट्रैक करें. केस स्टडी और लाभार्थियों की कहानियों के जरिए प्रभाव का प्रदर्शन करें. प्रभाव मूल्यांकन फ्रेमवर्क का उपयोग करें.

5. सहयोग और साझेदारी:

चुनौती: अन्य संगठनों के साथ सहयोग करना फायदेमंद हो सकता है, लेकिन हितों के टकराव और विभिन्न कार्यशैली को मैनेज करना मुश्किल हो सकता है.

सबक: साझीदारों का सावधानीपूर्वक चयन करें और स्पष्ट लक्ष्य और भूमिकाएं निर्धारित करें. संचार और पारदर्शिता को प्राथमिकता दें. सांस्कृतिक संवेदनशीलता बनाए रखें और विविध दृष्टिकोणों का सम्मान करें.

सबसे महत्वपूर्ण सबक:

गैर-लाभकारी क्षेत्र में काम करना चुनौतीपूर्ण हो सकता है, लेकिन यह बेहद संतोषजनक भी है. इन चुनौतियों से सीखकर और सर्वोत्तम तरीकों को अपनाकर, संगठन अपने प्रभाव को बढ़ा सकते हैं और दुनिया को बेहतर बनाने में महत्वपूर्ण भूमिका निभा सकते हैं. याद रखें कि आप अकेले नहीं हैं – गैर-लाभकारी क्षेत्र एक मजबूत समुदाय है और हम एक साथ मिलकर सकारात्मक बदलाव ला सकते हैं.

सहयोग की ताकत: सकारात्मक बदलाव लाने में एकता का जादू

गैर-लाभकारी क्षेत्र में सफलता किसी एक सुपरहीरो के दम पर नहीं, बल्कि हाथों को मिलाकर चलने वाले आम लोगों की ताकत से आती है. सहयोग की भावना, लोगों को जोड़ने का जुनून, और एक साझा लक्ष्य के लिए मिलकर काम करने की इच्छा - ये ही वो हथियार हैं जिनसे असंभव लगने वाली चुनौतियों को भी पार किया जा सकता है. आज हम ऐसे ही कुछ प्रेरक उदाहरण देखेंगे, जहाँ सहयोग ने मिलकर कमाल कर दिया है:

1. विकिपीडिया: इंटरनेट के सबसे बड़े विश्वकोश के रूप में, विकिपीडिया इस बात का जीता-जागता सबूत है कि दुनिया भर के लोग, भाषा और संस्कृति की सीमाओं को तोड़कर, ज्ञान को साझा कर सकते हैं. स्वयंसेवियों के एक विशाल नेटवर्क के सहयोग से बना विकिपीडिया, लाखों लेखों का घर है और हर रोज़ अपडेट होता रहता है. यह एक ऐसा उदाहरण है जो दिखाता है कि साझा जुनून और खुलेपन की भावना, किसी भी लक्ष्य को हासिल कर सकती है.

2. ग्रामीण स्वास्थ्य सेवा संस्थान (RSHT): भारत के ग्रामीण इलाकों में, जहाँ अक्सर स्वास्थ्य सेवाएं सीमित होती हैं, RSHT ने एक अनोखा रास्ता खोजा है. महिलाओं के स्वयं सहायता समूहों को प्रशिक्षित कर और उन्हें प्राथमिक स्वास्थ्य देखभाल सेवाएं प्रदान करने में सक्षम बनाकर, RSHT ने ग्रामीण महिलाओं के जीवन में क्रांतिकारी बदलाव लाए हैं. यह उदाहरण दिखाता है कि जब स्थानीय समुदायों को सशक्त बनाया जाता है, तो वो अपनी ज़रूरतों को खुद पूरा कर सकते हैं और बेहतर स्वास्थ्य के लक्ष्य को हासिल कर सकते हैं.

3. चिपको आंदोलन: 1970 के दशक में, उत्तराखंड के जंगलों को बचाने के लिए उठाया गया चिपको आंदोलन, आज भी पर्यावरण संरक्षण के लिए एक प्रेरणादायक उदाहरण है. जब सरकार ने जंगलों की कटाई का

फैसला किया, तो स्थानीय महिलाओं ने पेड़ों को गले लगाकर उनका विरोध किया. इस शांतिपूर्ण विरोध ने पूरे देश का ध्यान आकर्षित किया और सरकार को कटाई रोकने के लिए मजबूर किया. यह उदाहरण दिखाता है कि जब लोग एकजुट होकर आवाज उठाते हैं, तो वो प्रकृति को बचाने जैसा बड़ा बदलाव भी ला सकते हैं.

4. मैत्री: मुंबई के वेश्यालयों में फंसी महिलाओं के पुनर्वास और सशक्तिकरण के लिए काम करने वाला मैत्री संस्थान, सहयोग की ताकत का एक और प्रेरक उदाहरण है. सेक्स वर्कर्स के साथ मिलकर काम करते हुए, मैत्री ने उन्हें शिक्षा, कौशल विकास, और कानूनी सहायता प्रदान कर, उनके जीवन में सकारात्मक बदलाव लाए हैं. यह उदाहरण दिखाता है कि जब समाज हाशिए पर पड़े लोगों को साथ लेकर चलता है, तो न सिर्फ उनका जीवन बेहतर होता है, बल्कि समाज भी अधिक समावेशी और न्यायपूर्ण बनता है.

ये सिर्फ कुछ उदाहरण हैं, जो दिखाते हैं कि सहयोग किसी भी क्षेत्र में सफलता की कुंजी है. जब लोग एकजुट होकर काम करते हैं, तो वो न सिर्फ समस्याओं का समाधान ढूंढ सकते हैं, बल्कि दुनिया को एक बेहतर जगह बनाने में भी महत्वपूर्ण भूमिका निभा सकते हैं. तो, आइए हम सब मिलकर सहयोग की भावना को बढ़ावा दें, एक-दूसरे का हाथ थामें, और मिलकर वो बदलाव लाएं, जो अकेले ला पाना असंभव है!

गैर-लाभकारी क्षेत्र में सफलता पाने के लिए सिर्फ अच्छे इरादे और जुनून ही काफी नहीं होते. सकारात्मक बदलाव लाने के लिए, सहयोग की शक्ति को कम आंकना गलत होगा. आज हम कुछ प्रेरणादायक उदाहरणों के जरिए देखेंगे कि कैसे विभिन्न क्षेत्रों में संगठन, समुदाय और व्यक्ति एक साथ मिलकर बड़ा प्रभाव पैदा कर रहे हैं.

1. बासना सीमेंट के साथ ग्रामीण विकास:

राजस्थान के एक सूखाग्रस्त गांव, बासना में, सीमेंट निर्माता कंपनी ACC लिमिटेड ने ग्रामीण विकास के लिए एक अनोखा सहयोगी मॉडल विकसित किया है. कंपनी ने ग्रामीणों को प्रशिक्षित कर उन्हें छोटे-छोटे चूल्हे निर्माण का हुनर सिखाया, जिनसे कम ईंधन खर्च होता है और धुआं भी कम निकलता है. ग्रामीणों ने मिलकर 800 से अधिक ऐसे चूल्हे बनाए, जिससे उनके स्वास्थ्य में सुधार हुआ और ईंधन की बचत भी हुई. कंपनी ने इस परियोजना में सीमेंट और अन्य सामग्री उपलब्ध कराई और ग्रामीणों को तकनीकी सहायता दी. इस सहयोग से बासना में सामाजिक और आर्थिक विकास का एक सफल उदाहरण स्थापित हुआ.

2. प्लास्टिक प्रदूषण के खिलाफ युवाओं का जुनून:

भारत के कई शहरों में प्लास्टिक प्रदूषण एक बड़ी समस्या है. लेकिन इस समस्या से निपटने के लिए युवाओं का एक मजबूत जुनून उभर रहा है. 'आई एम एनआरजी' नाम का एक युवा संगठन मुंबई में समुद्र तटों की सफाई और प्लास्टिक के खिलाफ जागरूकता फैलाने का काम कर रहा है. यह संगठन स्थानीय समुदायों के साथ मिलकर प्लास्टिक संग्रहण अभियान चलाता है, स्कूलों में जाकर बच्चों को पर्यावरण संरक्षण के बारे में शिक्षित करता है और रीसाइक्लिंग कार्यक्रमों का आयोजन करता है. आई एम एनआरजी का यह प्रयास न केवल पर्यावरण की सफाई करता है, बल्कि युवाओं को सामाजिक जिम्मेदारी का बोध भी कराता है.

3. टेक्नोलॉजी के जरिए शिक्षा का प्रसार:

दुर्गम क्षेत्रों में बच्चों तक गुणवत्तापूर्ण शिक्षा पहुंचाना एक बड़ी चुनौती है. लेकिन टेक्नोलॉजी इस चुनौती का सामना करने में एक शक्तिशाली हथियार बन रही है. 'होप्स एंड ड्रीम्स' नाम का संगठन भारत के ग्रामीण इलाकों में बच्चों को टैबलेट और ऑनलाइन शिक्षण सामग्री उपलब्ध कराता है. संगठन स्थानीय समुदायों के साथ मिलकर शिक्षण केंद्र स्थापित करता है, जहां बच्चे इंटरनेट के जरिए विभिन्न विषयों का अध्ययन

कर सकते हैं. इस पहल से न केवल ग्रामीण बच्चों को शिक्षा का अवसर मिल रहा है, बल्कि उन्हें 21वीं सदी के कौशल विकसित करने में भी मदद मिल रही है.

4. स्वास्थ्य देखभाल के लिए समुदाय का सहयोग:

छत्तीसगढ़ के आदिवासी इलाकों में मातृ मृत्यु दर कम करने के लिए 'जननी सुरक्षा यो◌ेजना' नामक एक अभियान चलाया गया. इस अभियान में स्वास्थ्य विभाग ने स्थानीय महिला स्वयं सहायता समूहों के साथ साझेदारी की. समूह की महिलाएं गर्भवती महिलाओं की देखभाल करती थीं, उन्हें पोषण के बारे में जानकारी देती थीं और प्रसव के लिए अस्पताल ले जाने में मदद करती थीं.

Chapter 5: The Future of Collaborative Non-profit Governance

अध्याय 5: सहयोगी गैर-लाभकारी संचालन का भविष्य

सहयोग के उभरते रुझान: तकनीक, डेटा-संचालित निर्णय-प्रक्रिया और नागरिकों की भागीदारी

गैर-लाभकारी क्षेत्र में, सहयोग अब सिर्फ आदर्श नहीं, बल्कि सफलता का एक महत्वपूर्ण स्तंभ है. लेकिन समय के साथ, सहयोग के तरीके भी बदल रहे हैं. आज हम कुछ ऐसे उभरते रुझानों पर चर्चा करेंगे, जो गैर-लाभकारी संगठनों को प्रभावी ढंग से सहयोग करने और सकारात्मक बदलाव लाने में मदद कर रहे हैं:

1. तकनीक का बढ़ता हुआ प्रभाव:

डिजिटल प्लेटफॉर्म: सोशल मीडिया, ऑनलाइन फंडिंग प्लेटफॉर्म और सहयोगी कार्यक्रम प्रबंधन उपकरण संगठनों को दूर-दराज के लोगों तक पहुंचने, संसाधनों को साझा करने और सहयोग को सुव्यवस्थित करने में सक्षम बना रहे हैं.

डेटा विश्लेषण: डेटा इकट्ठा करने और उसका विश्लेषण करने के उन्नत उपकरण संगठनों को सहयोग के प्रभाव का मापन करने, रणनीतियों में सुधार करने और संसाधनों का कुशलतापूर्वक उपयोग करने में मदद कर रहे हैं.

कृत्रिम बुद्धिमत्ता (AI): AI उपकरणों का उपयोग स्वयंसेवकों की भर्ती और प्रशिक्षण, दाता अनुभव को बेहतर बनाने और समुदाय के साथ जुड़ाव बढ़ाने में किया जा सकता है.

2. डेटा-संचालित निर्णय-प्रक्रिया:

- प्रमाण-आधारित दृष्टिकोण: सहयोग के निर्णय अब अनुमान पर नहीं, बल्कि डेटा और अनुसंधान पर आधारित होते हैं. संगठन डेटा का उपयोग यह समझने के लिए कर रहे हैं कि कौन से सहयोगी मॉडल सबसे प्रभावी हैं और किस तरह से संसाधनों का उपयोग अधिकतम प्रभाव पैदा कर सकता है.
- जवाबदेही और पारदर्शिता: डेटा का उपयोग सहयोग के परिणामों को ट्रैक करने और हितधारकों को जवाबदेह बनाने में भी किया जा रहा है.
- निरंतर सुधार: डेटा-संचालित निर्णय-प्रक्रिया एक निरंतर चलने वाली प्रक्रिया है. संगठन लगातार डेटा का विश्लेषण कर रहे हैं और अपने सहयोग के तरीकों में सुधार कर रहे हैं.

3. नागरिकों की सक्रिय भागीदारी:

- सहभागी शासन: पारंपरिक पदानुक्रमित संरचनाओं के बजाय, संगठन अब नागरिकों को निर्णय-प्रक्रिया में शामिल कर रहे हैं. इससे समुदाय की जरूरतों को बेहतर ढंग से समझने और अधिक प्रभावी कार्यक्रमों को डिजाइन करने में मदद मिलती है.
- स्वयंसेवकों की भूमिका: तकनीक के जरिए, संगठन अब दूर-दराज के क्षेत्रों के लोगों को भी स्वयंसेवक के रूप में जोड़ सकते हैं. इससे संगठनों की क्षमता बढ़ती है और समुदाय के साथ जुड़ाव भी मजबूत होता है.
- सह-निर्माण: संगठन अब लाभार्थियों और हितधारकों के साथ मिलकर कार्यक्रमों को डिजाइन और कार्यान्वित कर रहे हैं. इससे सुनिश्चित होता है कि कार्यक्रम समुदाय की जरूरतों के अनुरूप हैं और अधिक प्रभावी ढंग से संचालित होते हैं.

सफलता के लिए सहयोग:

ये उभरते रुझान गैर-लाभकारी संगठनों को अधिक प्रभावी ढंग से सहयोग करने और सकारात्मक बदलाव लाने का अवसर प्रदान करते हैं. लेकिन यह महत्वपूर्ण है कि इन तकनीकों और रुझानों का उपयोग सावधानीपूर्वक किया जाए. संगठनों को यह सुनिश्चित करना चाहिए कि तकनीक का उपयोग लोगों को अलग करने या उनकी आवाज दबाने के लिए नहीं किया जा रहा है. इसके अलावा, डेटा का उपयोग जवाबदेह और पारदर्शी तरीके से किया जाना चाहिए.

उदाहरण:

एक पर्यावरण संगठन ने एक मोबाइल ऐप विकसित किया है, जिसके जरिए लोग अपने आस-पास के प्लास्टिक प्रदूषण की तस्वीरें अपलोड कर सकते हैं. यह डेटा संगठन को प्रदूषण की समस्या की पहचान करने और प्रभावी सफाई अभियान चलाने में मदद करता है.

एक शिक्षा संस्थान ने एक ऑनलाइन प्लेटफॉर्म बनाया है, जो दुनिया भर के स्वयंसेवकों को ग्रामीण बच्चों को ऑनलाइन ट्यूटरिंग प्रदान करने का अवसर देता है.

भविष्य की चुनौतियों का सामना: स्थिरता, विविधता और नैतिक चिंताएं

गैर-लाभकारी क्षेत्र दुनिया को बेहतर बनाने में महत्वपूर्ण भूमिका निभाता है, लेकिन भविष्य की कुछ प्रमुख चुनौतियों को संबोधित करना आवश्यक है, ताकि सकारात्मक बदलाव लाने के प्रयासों को और मजबूत बनाया जा सके. आइए देखें कि तीन महत्वपूर्ण क्षेत्रों – स्थिरता, विविधता और नैतिक चिंताओं – में किन चुनौतियों का सामना करना पड़ सकता है और उन्हें कैसे पार किया जा सकता है:

1. स्थिरता: दीर्घकालिक प्रभाव के लिए मजबूत नींव

- चुनौती: फंडिंग में अनिश्चितता, दाताओं की बदलती प्राथमिकताएं और जलवायु परिवर्तन जैसे बाहरी कारक संगठनों की स्थिरता को प्रभावित कर सकते हैं.
- समाधान: विविध फंडिंग स्रोतों की पहचान करना, लागत-कुशल कार्यक्रमों को डिजाइन करना, प्रभाव को मापना और प्रभावी संचार रणनीति बनाना. स्थानीय साझेदारियों और टिकाऊ व्यापार मॉडल का पता लगाना भी महत्वपूर्ण है.

2. विविधता: सभी आवाज़ों को शामिल करना

- चुनौती: गैर-लाभकारी क्षेत्र में अक्सर विविधता का अभाव होता है, जिससे संगठनों की प्रासंगिकता और प्रभाव कम हो सकता है.
- समाधान: संगठन के सभी स्तरों पर विविधता और समावेश को बढ़ावा देना. भर्ती प्रक्रियाओं की समीक्षा करना, संचालन और निर्णय-प्रक्रिया में विविधता को शामिल करना, और हाशिए पर पड़े समुदायों की जरूरतों को समझना जरूरी है.

3. नैतिक चिंताएं: सकारात्मक बदलाव लाने के लिए जिम्मेदारी

चुनौती: डेटा गोपनीयता, लाभ के टकराव, और जवाबदेही की कमी गैर-लाभकारी क्षेत्र में नैतिक चिंताओं को जन्म दे सकती है.

समाधान: मजबूत नैतिक नीतियों को अपनाना, हितधारकों के साथ पारदर्शिता बनाए रखना, स्वतंत्र ऑडिट कराना, और प्रभाव मूल्यांकन करना. नैतिक निर्णय लेने के लिए संगठन के सभी सदस्यों को प्रशिक्षित करना भी महत्वपूर्ण है.

उदाहरण:

एक पर्यावरण संगठन स्थायी कृषि पद्धतियों को बढ़ावा देने के लिए काम कर रहा है. स्थानीय समुदायों के साथ साझेदारी करके और उनकी जरूरतों को समझकर, संगठन यह सुनिश्चित करता है कि उनके प्रयास समुदाय के लिए टिकाऊ और प्रासंगिक हैं.

एक महिला अधिकार संगठन महिलाओं की लीडरशिप को बढ़ावा देने के लिए प्रशिक्षण कार्यक्रम आयोजित करता है. संगठन यह सुनिश्चित करता है कि प्रशिक्षण कार्यक्रम सभी महिलाओं के लिए सुलभ हो और भेदभाव से मुक्त हो.

एक अंतरराष्ट्रीय विकास संगठन ने एक विस्तृत डेटा गोपनीयता नीति बनाई है और स्वतंत्र ऑडिटरों को उनके काम की समीक्षा करने के लिए आमंत्रित किया है. यह संगठन इस तरह से जवाबदेही और पारदर्शिता सुनिश्चित करता है.

एक पर्यावरण संगठन ने स्थानीय आदिवासी समुदाय के साथ साझेदारी में जंगल संरक्षण का एक कार्यक्रम शुरू किया. इस कार्यक्रम में सामुदायिक ज्ञान का सम्मान किया गया और समुदाय को निर्णय-प्रक्रिया में शामिल किया गया. नतीजतन, जंगल संरक्षण में उल्लेखनीय सुधार हुआ और समुदाय के लोगों को टिकाऊ आजीविका के अवसर मिले.

- एक शिक्षा संस्थान ने अपने छात्रवृत्ति कार्यक्रम के लिए चयन प्रक्रिया में विविधता लाने के लिए सक्रिय प्रयास किए. इसने आर्थिक रूप से कमजोर पृष्ठभूमि के साथ-साथ ग्रामीण क्षेत्रों और हाशिए के समुदायों के छात्रों को शामिल किया. नतीजतन, कार्यक्रम अधिक समावेशी हो गया और जरूरतमंद छात्रों को शिक्षा का अवसर मिला.

भविष्य की आशा:

भविष्य की चुनौतियों के बावजूद, गैर-लाभकारी क्षेत्र में सकारात्मक बदलाव लाने की क्षमता है. टिकाऊपन, विविधता और नैतिकता पर ध्यान देकर, संगठन अधिक प्रभावी ढंग से काम कर सकते हैं और समाज के सभी लोगों के लिए एक बेहतर भविष्य का निर्माण कर सकते हैं. याद रखें, भविष्य हमारे हाथों में है और हम सब मिलकर एक बेहतर दुनिया बना सकते हैं.

गैर-लाभकारी क्षेत्र में भविष्य की चुनौतियों का सामना करने के लिए संगठनों को रचनात्मक, अनुकूलनीय और नैतिक रूप से जागरूक होना चाहिए. स्थिरता, विविधता और नैतिक चिंताओं को संबोधित करके, संगठन स्थायी प्रभाव बना सकते हैं और एक बेहतर भविष्य के निर्माण में महत्वपूर्ण भूमिका निभा सकते हैं. याद रखें, सहयोग, नवाचार और सामाजिक जिम्मेदारी के जरिए हम भविष्य की चुनौतियों को अवसरों में बदल सकते हैं और दुनिया को बेहतर बनाने का सपना साकार कर सकते हैं.

सहयोग का आह्वान: गैर-लाभकारी नेताओं को संगठनों को मजबूत और अधिक प्रभावी बनाने के लिए सहयोग की शक्ति अपनाने के लिए प्रेरित करना

गैर-लाभकारी क्षेत्र के नेताओं, आप समाज के असंगों की आवाज हैं, बदलाव के अग्रदूत हैं और उम्मीद के दीपक जलाते हैं. लेकिन इस कठिन रास्ते पर अकेले चलने की जरूरत नहीं है. आपके हाथों में एक शक्तिशाली हथियार है: सहयोग की ताकत.

आज, हम आपको इसी सहयोग की क्षमता को पहचानने और उसे अपनाने का आह्वान करते हैं. एक ऐसे भविष्य की कल्पना करें जहां गैर-लाभकारी संगठन आपसी तालमेल से काम करते हैं, संसाधनों का साझा करते हैं और एकजुट होकर बड़ा प्रभाव पैदा करते हैं.

क्यों सहयोग जरूरी है?

एकजुट होकर बड़ी चुनौतियों का सामना करें: जलवायु परिवर्तन, गरीबी, असमानता जैसी चुनौतियां किसी एक संगठन के बस की नहीं हैं. सहयोग से हम ज्ञान, अनुभव और संसाधन एकत्र कर सकते हैं और अधिक प्रभावी ढंग से समाधान खोज सकते हैं.

विविधता से ताकत पाएं: अलग-अलग संगठनों के पास अलग-अलग दृष्टिकोण, कौशल और ज्ञान होते हैं. सहयोग से हम इन विविधताओं का लाभ उठाकर रचनात्मक समाधान विकसित कर सकते हैं और समाज की व्यापक जरूरतों को पूरा कर सकते हैं.

संसाधनों का अधिकतम उपयोग करें: फंडिंग की कमी और मानवीय संसाधनों की सीमाएं गैर-लाभकारी क्षेत्र की आम चुनौतियां हैं. सहयोग से हम संसाधनों का अधिकतम उपयोग कर सकते हैं, डुप्लीकेशन कम कर सकते हैं और अधिक प्रभावी कार्यक्रम चला सकते हैं.

- पारदर्शिता और जवाबदेही बढ़ाएं: जब संगठन एक साथ काम करते हैं तो पारदर्शिता और जवाबदेही बढ़ती है. हितधारक बेहतर तरीके से समझते हैं कि कैसे संसाधनों का उपयोग किया जा रहा है और संगठन का प्रभाव क्या है.
- समाजिक प्रभाव को बढ़ाएं: सहयोग से संगठन बड़े समुदायों तक पहुंच सकते हैं, अधिक लोगों को लाभान्वित कर सकते हैं और समाज में व्यापक, टिकाऊ बदलाव ला सकते हैं.

सहयोग को अपनाने के लिए कदम:

- सहयोगी मानसिकता विकसित करें: अपने संगठन को सहयोग के लिए तैयार करें. प्रतिस्पर्धा के बजाय साझा करने पर जोर दें. अन्य संगठनों के साथ संबंध बनाने और ज्ञान साझा करने का प्रयास करें.
- सहयोगी साझेदारी बनाएं: अन्य संगठनों के साथ समान लक्ष्यों और दृष्टिकोणों की पहचान करें. स्पष्ट समझौते और लक्ष्य के साथ साझेदारी विकसित करें. संचार और पारदर्शिता को प्राथमिकता दें.
- संसाधनों का साझा करें: डेटा, तकनीकी प्लेटफॉर्म, कर्मचारियों के प्रशिक्षण जैसे संसाधनों को साझा करने के तरीके खोजें. सहयोग से विकसित किए गए संसाधनों को व्यापक रूप से फैलाएं.
- नवाचार को बढ़ावा दें: सहयोग से नई सोच और रचनात्मक समाधानों को जन्म मिलता है. प्रायोगिक परियोजनाओं का समर्थन करें, जोखिम उठाने के लिए तैयार रहें और नवाचार को अपनाएं.

सफलताओं को मापें और साझा करें: सहयोग के प्रभाव का मापन करना महत्वपूर्ण है. डेटा एकत्र करें, सफलताओं का विश्लेषण करें और उन्हें अन्य संगठनों के साथ साझा करें. सहयोग के रूप कैसे ले सकते हैं?

अन्य संगठनों के साथ साझेदारी: समान लक्ष्यों वाले संगठनों के साथ साझेदारी कर आप संसाधनों, ज्ञान और अनुभवों को साझा कर सकते हैं.

स्वयंसेवकों और समुदायों का जुड़ाव: अपने संगठन में स्वयंसेवकों और समुदायों को शामिल करें. उनकी ऊर्जा, ज्ञान और जुनून को अपने काम में लगाएं.

ज्ञान और प्रौद्योगिकी का आदान-प्रदान: अपने अनुभवों और ज्ञान को दूसरों के साथ साझा करें. प्रौद्योगिकी का उपयोग कर सहयोग को आसान और अधिक प्रभावी बनाएं.

नीति-निर्माण में भागीदारी: नीति-निर्माण प्रक्रिया में भाग लें और अपनी आवाज सुनाएं. अन्य संगठनों के साथ मिलकर सरकार को प्रभावित करें और सकारात्मक बदलाव लाएं.

सहयोग को सफल बनाने के लिए:

स्पष्ट लक्ष्य और उद्देश्य निर्धारित करें: सहयोग के उद्देश्य और लक्ष्य स्पष्ट होने चाहिए ताकि सभी हितधारक एक ही दिशा में काम कर सकें.

विश्वास और पारदर्शिता का माहौल बनाएं: सहयोग सफल होने के लिए विश्वास और पारदर्शिता का माहौल होना जरूरी है. सभी हितधारकों के साथ खुले और ईमानदार तरीके से संवाद करें.

भूमिकाओं और जिम्मेदारियों को स्पष्ट करें: यह सुनिश्चित करें कि सभी हितधारकों की भूमिकाएं और जिम्मेदारियां स्पष्ट हैं. इससे सहयोग को सुचारू बनाने में मदद मिलेगी.

निरंतर सीखते रहें: सहयोग एक सीखने की प्रक्रिया है. अपनी गलतियों से सीखें और अपने प्रयासों में सुधार करते रहें.

संसाधन और उपकरण: सहयोगी शासन प्रथाओं को लागू करने के लिए व्यावहारिक मार्गदर्शन

गैर-लाभकारी क्षेत्र में सफलता सिर्फ नेक इरादों और जुनून से ही नहीं मिलती. संगठनों को प्रभावी ढंग से काम करने और सकारात्मक बदलाव लाने के लिए सहयोगी शासन प्रथाओं को अपनाना जरूरी है. लेकिन, इसे लागू करना कैसे है? आज हम कुछ संसाधनों और उपकरणों के बारे में जानेंगे जो आपको इस रास्ते पर आगे बढ़ाने में मदद करेंगे:

1. आत्म-मूल्यांकन और योजना:

- स्ट्रेंथ्स, वीकनेसेज, ऑपरचुनिटीज, और थ्रेट्स (SWOT) विश्लेषण: अपने संगठन की ताकत, कमजोरियों, अवसरों और चुनौतियों का आकलन करें. इससे आप समझ पाएंगे कि सहयोगी शासन आपके लिए कैसे फायदेमंद हो सकता है.
- दृष्टिकोण और मूल्यों का स्पष्टीकरण: संगठन के लक्ष्य, मूल्य और भविष्य की दृष्टि को स्पष्ट रूप से परिभाषित करें. इससे सभी हितधारकों को एक ही दिशा में काम करने में मदद मिलेगी.
- सहभागीता मॉडल का चयन: विभिन्न सहभागीता मॉडलों (सूचनात्मक, सलाहकार, सह-निर्णय, संयुक्त प्रबंधन) में से अपने संगठन के लिए सबसे उपयुक्त मॉडल का चयन करें.

2. हितधारकों को शामिल करना:

- हितधारकों की पहचान: संगठन के निर्णयों और गतिविधियों को प्रभावित करने वाले सभी हितधारकों (बोर्ड के सदस्य, कर्मचारी, स्वयंसेवक, दाता, समुदाय के सदस्य) की पहचान करें.

संवाद के चैनलों का निर्माण: हितधारकों के साथ संवाद के खुले और सुलभ चैनल स्थापित करें. बैठकें, वर्कशॉप, सर्वेक्षण, सोशल मीडिया आदि का उपयोग करें.

फीडबैक और सुझावों को प्रोत्साहित करें: हितधारकों को अपनी राय देने और सुझाव देने के लिए प्रोत्साहित करें. उनकी प्रतिक्रिया को निर्णय-प्रक्रिया में शामिल करें.

3. निर्णय-निर्माण में सहयोग:

समस्याओं और चुनौतियों का संयुक्त विश्लेषण: हितधारकों के साथ मिलकर समस्याओं और चुनौतियों का विश्लेषण करें. विभिन्न दृष्टिकोणों से सोचें और रचनात्मक समाधान खोजें.

सह-निर्णय प्रक्रियाओं का उपयोग: ऐसे निर्णय-निर्माण प्रक्रियाओं का उपयोग करें जहां हितधारकों को निर्णय लेने में समान रूप से शामिल किया जाए. सहमति या बहुमत मतदान जैसे तरीकों का उपयोग किया जा सकता है.

जवाबदेही और पारदर्शिता का पालन: निर्णय लेने की प्रक्रिया और परिणामों के बारे में सभी हितधारकों को सूचित करें. अपनी जवाबदेही को पूरा करें और गलतियों से सीखें.

4. संसाधन और उपकरण:

सहयोगी शासन पर ऑनलाइन संसाधन: कई ऑनलाइन संसाधन उपलब्ध हैं जो सहयोगी शासन के सिद्धांतों, उपकरणों और सर्वोत्तम तरीकों के बारे में जानकारी देते हैं. कुछ उदाहरण हैं - Funders Together, BoardSource, Nonprofit Finance Fund.

- सहयोगी प्लेटफॉर्म: ऑनलाइन प्लेटफॉर्म जैसे कि Trello, Asana, Slack संचार, प्रोजेक्ट प्रबंधन और सहयोग को आसान बनाने में मदद कर सकते हैं.
- परामर्श और प्रशिक्षण: सहयोगी शासन को लागू करने के लिए परामर्श और प्रशिक्षण सेवाएं लेने पर विचार करें. यह आपके कर्मचारियों और हितधारकों को आवश्यक कौशल और ज्ञान प्रदान कर सकता है.

  - 5. निरंतर सुधार और मूल्यांकन:
  - सहयोगी शासन एक निरंतर चलने वाली प्रक्रिया है. यह महत्वपूर्ण है कि आप अपने प्रयासों का नियमित रूप से मूल्यांकन करें और सुधार के लिए अवसर खोजें.
  - याद रखें:
  - सहयोगी शासन रातोंरात नहीं होता है. इसे लागू करने में समय, प्रयास और निवेश की आवश्यकता होती है. लेकिन दीर्घकालिक लाभ निश्चित रूप से मिलते हैं. सहयोगी शासन आपके संगठन को अधिक प्रभावी, जवाबदेह और टिकाऊ बना सकता है, जिससे आप अपने मिशन को पूरा करने में और भी सफल हो सकते हैं.

www.ingramcontent.com/pod-product-compliance
Lightning Source LLC
LaVergne TN
LVHW020435080526
838202LV00055B/5201
9788119855094